BJÖRN KLAUER

EXPEDITION
POLARLICHT

W0089845

BJÖRN KLAUER

EXPEDITION POLARLICHT

Mit Huskys durch
Spitzbergen

Mehr über unsere Autoren und Bücher:
www.malik.de

Der Verlag dankt für die freundliche Genehmigung zum Abdruck der Zitate aus:
Christiane Ritter, *Eine Frau erlebt die Polarnacht,* Ullstein Buchverlage GmbH,
Berlin 1978

Bibliografische Information der Deutschen Bibliothek
Die Deutsche Nationalbibliothek verzeichnet diese Publikation in der
Deutschen Nationalbibliografie; detaillierte bibliografische Daten
sind im Internet über http://dnb.d-nb.de abrufbar.

NATIONAL GEOGRAPHIC ADVENTURE PRESS
Reisen · Menschen · Abenteuer
Die Taschenbuch-Reihe von
Malik und National Geographic

Ungekürzte Taschenbuchausgabe
1. Auflage Mai 2005
2. Auflage September 2009
© Piper Verlag GmbH, München 2002
Lektorat: Gudrun Honke, Bochum
Umschlaggestaltung: Dorkenwald Grafik-Design, München
Fotos: Björn Klauer, Bardu / Norwegen
Karte: Margret Prietzsch, Gröbenzell
Satz: Sieveking GmbH, München
Papier: Naturoffset ECF
Druck und Bindung: CPI – Clausen & Bosse, Leck
Printed in Germany   ISBN 978-3-492-40248-4

»Der Zauber der heilen Nacht umfängt uns. Immer wieder erscheint es mir wie ein Wunder, dass die Abendröte nicht wie bei uns unter dem Horizont verschwindet, sondern nach und nach wieder langsam in die Höhe steigt. Sie zieht einen Streifen pastellblaue Nacht mit sich empor über die Gebirge. Das laue Licht gießt sich über die seltsame Landschaft und gibt ihr die verklärte Weichheit und Weihe, die alle Dinge hier oben in der hellen Nacht annehmen.«

CHRISTIANE RITTER

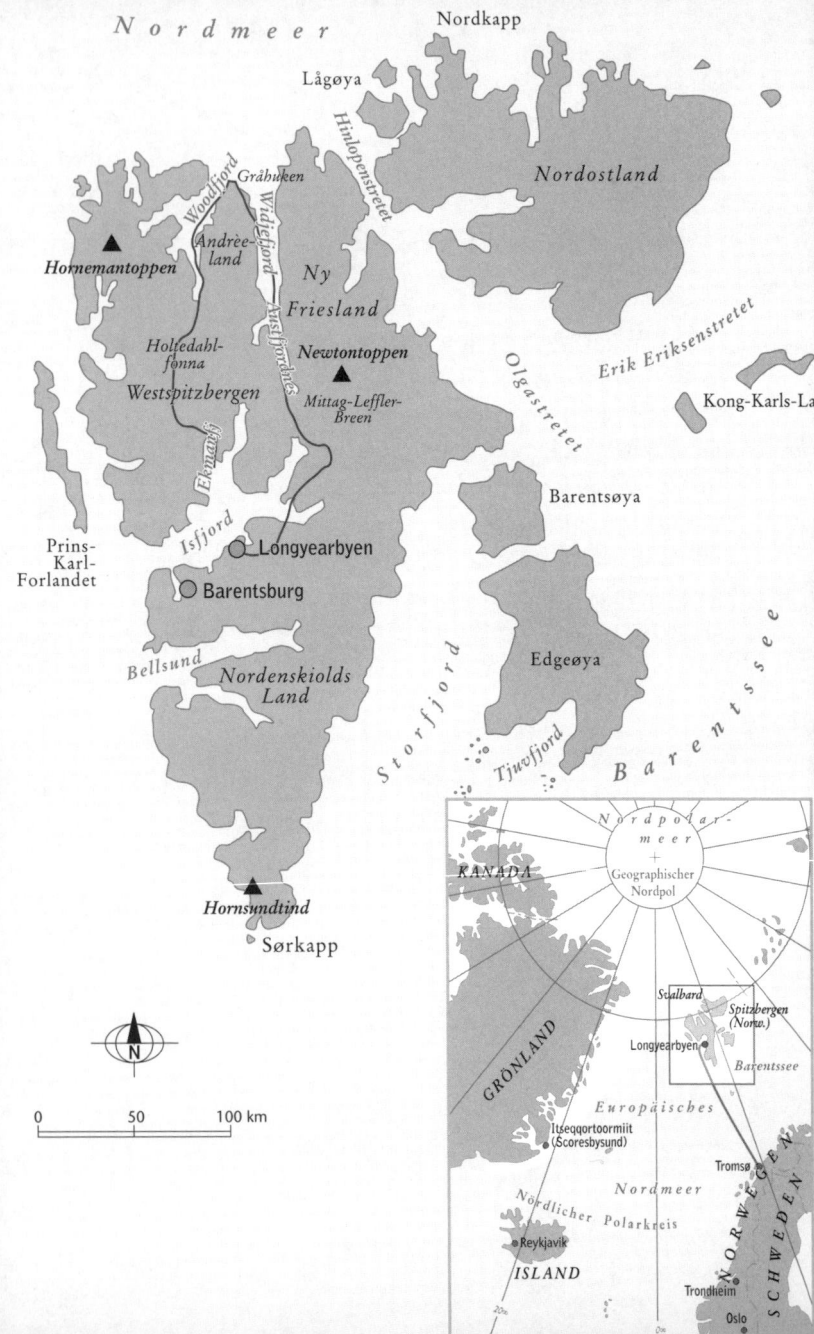

Inhalt

Prolog

Ich war keine 20 Jahre alt, da fiel mir ein Buch in die Hände. Ein kleines Taschenbuch mit einem recht unscheinbaren Umschlag. Darin erzählt Christiane Ritter, wie sie 1934/35 im Norden Spitzbergens überwintert und die Polarnacht erlebt hat. Zwischen ihr und dem Nordpol ist niemand mehr. Und nach Süden liegt Longyearbyen, die einzige größere Ansiedlung auf der Insel, mehrere hundert Kilometer entfernt, jenseits der Gletscher und vereisten Fjorde. Christiane Ritter erzählt von Schneestürmen, von der langen Dunkelheit, aber auch vom Polarlicht, das über dem nördlichen Himmel tanzt, von dem Licht, wenn die Sonne die Berge des Archipels wieder bescheint, von den zarten Pastelltönen, den Polarfüchsen, den Robben und den vielen Seevögeln vor ihrer Hütte.

Ihre Geschichte begeisterte mich. Die Natur dort oben im Norden faszinierte mich mehr als irgendwo sonst. Und mich begeisterte Christiane Ritters Entschiedenheit. Sie zauderte und zögerte nicht. Sie fasste den Entschluss: Das mache ich jetzt! Und sie lernte die Arktis lieben. Ihr Wagemut war mir ein Vorbild. Ein Vorbild für meinen Entschluss, ein Jahr lang draußen zu leben und in diesem Jahr über 3500 Kilometer durch Norwegen zu wandern. Danach – ich war gerade 29 Jahre alt – fiel mir die Entscheidung nicht schwer, endgültig nach Norwegen auszuwandern. Auch hier war es wieder ihr Mut, der mich anspornte.

An meinem neuen Wohnort auf Vesterålen, einer Inselgruppe in Nordnorwegen, lernte ich den Schonsteinfeger der Gemeinde kennen. Er war es, der mir als erster persönlich von seiner Überwinterung auf Spitzbergen erzählte, wo er mehrere Jahre in den Kohlegruben gearbeitet hatte. Er sprach von der langen Polarnacht, von den Schneestürmen und dem Licht dort auf den Inseln. Von den Stimmungen des Lichts am Tage und des Nachts, wenn das Eis der mächtigen und endlosen Gletscher, wenn die steilen Tafelberge und weiten Fjorde in allen Farbnuancen erschimmern. Mir fiel auf, dass seine Augen zu leuchten begannen, wenn er von der Natur sprach, von den Empfindungen, die ihre Stille und Schönheit bei ihm ausgelöst hatten.

In den Jahren danach ging mir Spitzbergen nicht mehr aus dem Kopf. Die Insel kam mir näher und näher. Bestimmt auch durch die Erzählungen der Norweger, die dort gelebt hatten.

Ganz sicher aber dadurch, dass mir mein Naturverständnis bewusster wurde. Jedes Jahr war und bin ich nahezu 3000 Kilometer mit meinen Huskys im Norden Skandinaviens unterwegs. Das bringt mein Job als Hundeschlittenfahrer und Bergführer mit sich. Der Alltag zusammen mit meinen Hunden auf den unzähligen Schlittentouren, das tiefe Eindringen mit ihnen in die winterliche Natur brachten mich zu einem tieferen Verständnis von Christiane Ritters Buch. Immer mehr Parallelen zu ihrem Naturverständnis, ihrer Art, die Natur zu erleben und das eigene Ich zu entdecken, fielen mir auf. Meine Hunde verhalfen mir dazu. Weil sie die langen Touren, die intensiven Begegnungen mit der unendlichen und fast unberührten Natur nördlich des Polarkreises erst ermöglichen. Doch nicht nur das. Durch meine Hunde erlebe ich die Natur noch eindringlicher oder um es mit den Worten des Outdoor-Journalisten Till Gottbrath zu sagen: »Die Hunde setzen dem Naturerlebnis die Krone auf.«

Auch wuchsen meine Erfahrungen mit der winterlichen Natur des Nordens mit jedem Jahr. Extreme Kälte, starke Schneestürme und weite Strecken mit den Hunden erhöhten meine Selbstsicherheit und brachten mich meinem Traum näher. Die Konstruktion der Schlitten verbesserte sich, das Training der Hunde und die Zucht der robusten Expeditionshunde auch. Schließlich war die Zeit reif, und ich traute mich, meinen Traum zu verwirklichen: Christiane Ritters Hütte auf Spitzbergen zu besuchen! Die Hütte, in der eines der frühesten Werke der deutschsprachigen Polarliteratur entstand. Die Hütte, die seit so vielen Jahren für mich Vorbild und Ansporn gewesen ist. Die kleine Hütte, in der ich, wenn es sie überhaupt noch gibt, auch einen Teil von mir finden werde.

Kurz vor der Expedition schrieb mir Karin Ritter, die Tochter von Christiane Ritter:

Lieber Björn Klauer,

danke für Ihren lieben Anruf und die Meldung, dass Ihre Expedition jetzt also am 9. April beginnt. (Ich hätte schreckliches Bauchweh!) Das ist ja wohl ein mutiges Unternehmen! Ich werde sechs Wochen lang meine Daumen drücken! Vielleicht können Sie das beiliegende Foto meiner Eltern irgendwo in der Hütte anbringen ...
Ich freue mich, dass Papi und Mami nach 32 Jahren der Trennung von Himmel und Erde endlich wieder vereint sind und sicher ihren Segen für Ihr tolles Unternehmen geben. Toi, toi, toi!

Ihre Karin Ritter

Geleitwort von Karin Ritter

Wie sehr freut es mich, als Tochter umso mehr, dass der Wagemut meiner Eltern Christiane und Herman Ritter, ein Jahr in der Arktis zu leben, so viele Menschen, junge wie alte, begeistern konnte und kann! So auch Björn Klauer. Er las in seiner Jugend das Buch meiner Mutter und träumte seither, selbst einmal nach Spitzbergen aufzubrechen.

Im April 2001, nach 24 Jahren, konnte er sich diesen Wunsch endlich erfüllen. Mit fünf Gefährten und 28 Huskys, allen Stürmen und lebensgefährlichen Situationen trotzend, folgte er den Pfaden meiner Eltern bis zu der kleinen Hütte, in der sie damals vor fast 70 Jahren überwinterten. Über seinen Enthusiasmus und seine Verehrung wären sie sehr gerührt gewesen!

Björn fragte mich, wie es zu dem Entschluss meiner Mutter kam, ein ganzes Jahr lang, Sommer und Winter, auf Spitzbergen zu verbringen. Nun, mein Vater, ein Glaziologe, blieb nach einer wissenschaftlichen Expedition dort und betrieb Eismeerfang, im Winter Pelztierjagd. Die gewaltige Natur des Nordens mit ihren Farben und Stimmungen faszinierte und behexte ihn.

Er schrieb meiner Mutter: »Lass alles liegen und stehen und folge mir in die Arktis.«

Christiane Ritter, passionierte Malerin und abenteuerlustig, nicht zuletzt liebende Gattin, folgte. Verwandte und Freunde hielten ihren Entschluss für einen hirnverbrannten Blödsinn. Wie jemand das Leben in der jeglichen Komfort bietenden Zivilisation gegen eine unbekannte Wildnis tauschen konnte, begriffen sie nicht.

Und es war gut so: Aus ihren abenteuerlichen Erlebnissen und tiefen seelischen Erkenntnissen entstand ihr so erfolgreiches, so viele Menschen beglückendes Buch.

Meine Mutter kam als ein gewandelter Mensch nach Europa zurück. Nichts konnte sie mehr erschüttern. Eine tiefe innere Ruhe war über sie gekommen. Sie erfuhr in der Polarnacht, dass das so selbstsichere Ich allein nichts ist und die Natur alles. Nur in Verbundenheit mit der Natur hat der Mensch einen Sinn. Das Leben nimmt dann seinen gottgewollten Lauf, und der Mensch ist glücklich.

Ich wünsche Björn Klauer für seine weiteren Expeditionen toi toi toi! Meine Mutter würde ihm zurufen: »Gott behüt dich!«

Die Odyssee der Überfahrt

»Nein, die Arktis gibt ihr Geheimnis nicht her
für den Preis einer Schiffskarte.«

CHRISTIANE RITTER

ERSTER TAG

Die schneebedeckten Berge spiegeln sich in der warmen Aprilsonne des Sagfjords. Wir warten auf das Schiff, das uns nach Spitzbergen bringen soll. Die 28 Hunde räkeln sich gelangweilt auf dem Beton des Kais, als wären der Ort und unsere Expedition eine alltägliche Sache. Für sie ist der kleine Hafen Sjøvegan, der 60 Kilometer von unserer Huskyfarm entfernt liegt, eine neue Erfahrung. Doch wie immer nehmen die Hunde Veränderungen so hin, wie sie kommen: mit größter Seelenruhe.

Für uns Zweibeiner ist das Warten hingegen ungewohnt. Die vergangenen Tage haben wir zusammen auf der Farm verbracht und die letzten Vorbereitungen getroffen: Lade- und Schießübungen, Spaltenbergung, die Schlitten haben neue Gleitbeläge erhalten, für jeden Schlitten haben wir neue Bremsketten gefertigt, Lebensmittel für die einzelnen Etappen zusammengepackt ... Und auch in den Monaten zuvor ist jeder von uns intensiv mit den Vorbereitungen für unsere fünfwöchige Expedition beschäftigt gewesen, die ich seit zwei Jahren plane.

Und jetzt stehen wir am Kai und warten auf unser Schiff. Björn Terje zieht sein Handy aus der Tasche, wählt und erreicht den Skipper: »Noch knapp eine Stunde, dann ist er hier!« Also weiter warten.

Eigentlich ist das Wetter für eine Expedition viel zu schön – und mit tagsüber rund drei Grad über null für eine Winterexpedition viel zu warm. Überhaupt steht das ganze Unternehmen wie ein Traumgebilde vor meinem inneren Auge, noch ohne jede Verankerung in der Wirklichkeit. Zwar bin ich seit fast zwei Jahrzehnten mit dem arktischen Winter vertraut. Zwar habe ich die Hunde unter allen erdenklichen Witterungsbedingungen und Belastungen studiert, die Schlitten, die Zelte, die Kocher, ja die gesamte Ausrüstung bei unzähligen Touren getestet und immer wieder verbessert. Das Neue, das mir begegnen wird, ist aber mit so vielen Unabwägbarkeiten verbunden, dass es mir schwer fällt, meine Selbstsicherheit zu bewahren.

Auf Spitzbergen bin ich noch nie gewesen, obwohl es von uns aus mit dem Schiff in knapp drei Tagen zu erreichen ist. Und das Flugzeug benötigt von Tromsø gerade anderthalb Stunden bis nach Longyearbyen, der »Hauptstadt« des Archipels. Obgleich ich schon viel von Spitzbergen gehört, stapelweise Bücher darüber verschlungen habe, besonders in den letzten zwei Jahren, ist dieses Inselreich für mich noch immer in den Nebel der Unkenntnis gehüllt. Ich kenne das Meereseis nicht, an dem wir irgendwo – hoffentlich in der Nähe des Isfjords – festmachen werden. Ich kenne die spaltenübersäten Gletscher nicht. Bei uns hier in Nordnorwegen gibt es nur wenige und recht kleine. Ich kenne die Eisbären nicht. Über sie ist viel geschrieben worden, aber niemand kann genau sagen, wie sie sich Hunden gegenüber verhalten und wie Hunde auf sie reagieren.

Aus zweierlei Gründen bin ich aber überzeugt, dass wir eigentlich fast allen Belastungen gewachsen sind: Erstens sind die Hunde nach 2500 Trainings- und Tourenkilometern während dieser Saison bestens in Form. Aufgrund ihrer körperlichen und mentalen Konstitution haben sie immer alle Schwierigkeiten gemeistert. Eine Situation, in der sie mich im Stich gelassen hätten, hat es noch nicht gegeben. Und zweitens ist unser Expeditionsteam so zusammengesetzt, dass es die bei unserem Vorhaben notwendigen Aufgaben und Arbeiten hervorragend leisten kann.

Jussi Väliaho ist 40 Jahre alt und kommt aus Finnland. Den Finnen geht der Ruf voraus, sie seien stille, schweigsame Pragmatiker, die irgendwo in ihren einsamen, tiefen Wäldern in der Sauna säßen. Das mit der Sauna weiß ich bei Jussi nicht so genau. Der Rest trifft aber haargenau zu. Selbst wenn es nach ein paar Tagen mit seiner Schweigsamkeit vorbei ist, sagt er doch kein Wort zu viel oder zumindest kein überflüssiges Wort. Er bringt seine Meinung klar zum Ausdruck und Diskussionen, die sehr wichtig sind in einer Gruppe, rasch auf den Punkt. Aber nicht nur so versteht es Jussi, knifflige gruppendynamische Prozesse zu befördern. Sein ausgeprägter Wille, für ein gutes Gruppenklima zu sorgen, wird uns oft helfen. Dazu verfügt er über einen erheblichen Vorrat an Witzen. So erzählt er gern den von der bärtigen Mamuschka in der russischen Siedlung Barentsburg ...

Jussi besitzt selbst fünf Grönlandhunde, mit denen er zusammen mit seiner Lebensgefährtin auf einem kleinen Hof in Ostfinnland lebt. Er kennt sich sehr gut mit Waffen aus und hat zusammen mit Björn Terje die Verantwortung für die Sicherheit gegenüber Eisbären übernommen.

Björn Terje Ekran, 39 Jahre alt und aus Norwegen, entspricht dem landläufigen Vorurteil, alle Norweger würden bereits mit Skiern an den Füßen geboren. Ihm macht Ski laufen einfach Spaß. Er genießt die Ruhe beim Laufen und die sportliche Herausforderung. So ist es auch kein Wunder, dass er auf der Tour mit Abstand die meisten Kilos verlieren wird.

Björn Terje ist Bauingenieur und hat in seinem bisherigen Berufsleben selbstständig gearbeitet. Er kann mit Menschen umgehen, arbeitet und diskutiert strukturiert und zielgerichtet. Überflüssige Worte sind von ihm – wie bei Skandinaviern üblich – kaum zu vernehmen. Das hat nichts mit Schweigsamkeit zu tun, eher mit der Furcht, bloß keinem mit zu vielen Worten auf die Nerven zu gehen und sich selbst nicht in den Vordergrund zu drängen. Für den Gruppenzusammenhalt kann das Gold wert sein.

Björn Terje hat sich während der Vorbereitungen vor allem um die Kommunikationstechnik gekümmert und ist auf der Expedition unser Kurzwellenfunker. Zusammen mit Jussi ist er zuständig für den Schutz vor Eisbären.

Martin Lundius aus Hamburg ist 36 Jahre alt und der zweite Hundeexperte auf der Expedition. Während zweier Jahre hat er die Hunde auf meiner Huskyfarm für die lange Tourensaison trainiert. Er kennt nicht nur die Hunde, sondern auch alles, was dazugehört: wie man Schlitten baut und repariert, wie sie beladen werden müssen, wie man Taue zu Zugleinen oder zu Halsbändern spleißt und vieles mehr. Während seiner Trainingsarbeit und auf zahlreichen Ski-/Pulka- und Hundeschlittentouren hat er Erfahrungen im winterlichen Outdoor-Leben gewonnen.

Martin ist Fußballer und Fußballtrainer, was ihn zum sportlichsten Teilnehmer macht. Aufgrund seiner langjährigen Arbeit als Trainer ist es für ihn selbstverständlich, sich für die Gruppe als Ganzes einzusetzen. Er kümmert sich nicht nur um sein Gespann, sondern auch darum, dass die Hunde der anderen Gespanne einen vernünftigen Platz für das Nachtlager finden, dass alle Stahlseile fest sind und alle Gespanne einen guten Startplatz für den kommenden Morgen vorfinden werden. Martin hat bei den Vorbereitungen eine Unzahl Dinge erledigt, deren Aufzählung diesen Rahmen sprengen würde. Das fing an bei der Zusammenarbeit mit den Sponsoren und hörte bei der Anschaffung eines Windkorbs für das Richtmikrofon auf. Neben der Aufgabe, während der Expedition für die Hunde zu sorgen, ist Martin für die Aufnahme des Originaltons für die Fernsehproduktion und für die Ton-Dia-Schau verantwortlich.

Falk Mahnke, 48 Jahre alt und aus Bad Bramstedt, hat als Mitglied der Crew des Expeditionsleiters Arved Fuchs auf dessen bekanntem

Segelschiff *Dagmar Aaen* alle Länder der Arktis zu allen Jahreszeiten besucht und ist allein dadurch für die Spitzbergen-Expedition qualifiziert.

Falk arbeitet seit seinem 18. Lebensjahr selbständig, was besonders deutlich wird, wenn ein Problem auftaucht. Falk sucht dann möglichst rasch und effektiv Lösungen. Entscheidungsfreude gehört zu seinem Wesen genauso wie Humor. Sein aus der Situation sich ergebender, fast nie versiegender Witz ist unserem Gruppenleben sehr förderlich. Wie oft werden wir uns die Bäuche halten vor Lachen!

Schon in der Vorbereitungszeit, als Falk die Aufgabe des Food-and-Beverage-Managers übernommen hat, hat sich herausgestellt, welch begnadeter Gastronom er ist. Mit seiner professionellen Zusammenstellung und Auswahl der gefriergetrockneten Lebensmittel überrascht er uns alle. Von der Qualität und Geschmacksvielfalt dieser Nahrung – wenn man einmal vom Frühstück absieht – hat wohl keiner von uns vorher etwas geahnt.

Auf der Tour übernimmt Falk die Rolle des Küchenchefs. Jeden Morgen werden wir mit heißem Kaffee geweckt!

Chris Painter, 51 Jahre alt und aus England, traf ich eines Sommers in den Bergen bei uns im Dividal-Nationalpark, als er mit seiner Frau auf einer Wanderung unterwegs war. Damals muss bei ihm der Plan gereift sein, eine längere Wanderung durch Lappland im Winter mit Pulka und Hund zu unternehmen, die er dann in der Tat umsetzte. Er wanderte von Fauske aus nach Norden, durchquerte unter anderem den Sarek-Nationalpark und kam viele Wochen und einige hundert Kilometer später am Dreiländereck zwischen Norwegen, Schweden und Finnland an. Diese lange Skiwanderung unternahm er allein mit meinem Hund Plüm, der eine Pulka zog. Lediglich die letzten 170 Kilometer begleitete ihn seine Frau.

Chris ist Kletterfreak. Viele Bergwände in allen möglichen Ländern haben seine Klemmkeile zu spüren bekommen. Für uns war er damit für alle Fragen der Sicherungstechnik auf Gletschern und der Spaltenbergung prädestiniert. Zu Hause hat er das notwendige Equipment für diese Aufgabe zusammengestellt und uns vor der Tour gründlich in allen erforderlichen Techniken, insbesondere in der Spaltenbergung, unterwiesen. Von seinem Wissen über Gletscherspalten werden wir alle auf der Expedition profitieren. Zusätzlich übernimmt Chris die GPS-Navigation.

Eine gewisse Sicherheit gibt mir nicht zuletzt auch meine eigene Erfahrung. Ich bin 45 Jahre alt, aus Hamburg gebürtig und lebe seit 17 Jahren nördlich des Polarkreises. Jeden Winter bin ich mit den Hunden rund 100 Tage draußen. Alle meine Touren habe ich so durchgeführt, dass kleinere Unfälle, Schlittenbrüche oder sonstige Schwierigkeiten immer mit Bordmitteln gemeistert werden konnten und niemals Hilfe von außen notwendig wurde.

Und doch spüre ich dieses Kribbeln im Magen, wenn ich an all das denke, was vor uns liegt. Allzu vieles davon ist mir gänzlich unbekannt.

Endlich taucht zwischen den Inseln und Halbinseln am Fjordausgang unser Schiff auf. In die Gruppe aus Teilnehmern und Helfern kommt Leben. Mit ihren 27 Metern erscheint mir die *Langøysund* sehr klein, viel kleiner als das baugleiche Schwesterschiff, das ich vor zwei Jahren in einem Hafen auf der Inselgruppe der Vesterålen besichtigt habe. Der Skipper und Eigner Roar Lorentsen, der junge Kapitän Robin und der wuchtige Maschinist Sigbjörn begrüßen uns an Bord. Schnell finden wir auf dem Hinterdeck einen Platz für die zwei großen Hundetransportkisten. Die vier Schlitten verschwinden im Lastraum, die Lebensmittel und die übrige Ausrüstung werden in einer leeren Kabine verstaut, während das Hundefutter in einer großen Kiste auf dem Vorderdeck festgezurrt wird. Dann sind die Hunde an der Reihe. Am Halsband gepackt, folgen sie willig in Richtung Schiff. Doch bei der Gangway wird gebremst, was die Pfoten hergeben. Einige können wir noch auf das Schiff ziehen, bei anderen ist nichts zu bewegen. Sie müssen an Bord getragen werden. Dort angekommen, wird jeder Hund an der Reling oder an einem Poller angekettet. Schließlich sollen sie nicht umherlaufen und einen Streit mit ihrem Lieblingsfeind von der Reling brechen. Erst später, auf dem offenen Meer, wenn das Schiff in der Dünung rollt oder das Wetter schlechter wird, sollen die Hunde jeweils zu zweit in einer Box der Hundekisten Schutz finden. Neugierig, aber auch ein wenig verunsichert beschnuppern sie die *Langøysund*. Wonach kann dieses Ungetüm wohl riechen? Farbe, Rost, Diesel und Salzwasser, alles unbekannte Gerüche.

Erst als beim Ablegen die erhöhte Tourenzahl der Maschine das Schiff erzittern lässt, werden die Hunde unruhig und schauen uns fragend an. Aber da wir gelassen bleiben und auch die Nachbarn nicht in Panik verfallen, scheint sich bei ihnen die Ansicht durchzusetzen: »Das muss jetzt wohl so sein.«

Ein letzter Abschiedsgruß zu den auf dem Kai winkenden Angehörigen und Helfern verhallt im Lärm des auslaufenden Schiffs. Als der Kai nicht mehr zu sehen ist, wenden wir uns nach vorn, schauen in die Fahrtrichtung und in die Zukunft. Es geht los!

Während das Schiff durch die abendlichen Fjorde tuckert, füttern wir die Hunde und setzen ihnen noch einmal die Wasserschalen vor. So erhalten sie die Gewissheit, dass sich außer dem Umfeld nichts geändert hat. Bald legt sich einer nach dem anderen hin, schließt die Augen und kommt zur Ruhe.

Erst gegen 23.00 Uhr wird es jetzt Anfang April langsam dunkel. Mehrere Leuchtfeuer senden ihr grünes, rotes oder weißes Licht zu uns herüber, ein paar Bauernhöfe und Siedlungen an den Fjorden glitzern auf. Der unbedeckte Himmel ist mit unzähligen Sternen übersät, und der erste Tag unserer Expedition neigt sich seinem Ende entgegen.

Gegen Mitternacht tauchen die Lichter der Stadt Tromsø aus dem Dunkel auf. Am Festland und auf der Insel wachsen uns Tausende von Lichtern wie ein riesiger Trichter entgegen. Über uns blitzt das Nordlicht über den klaren Himmel – die an Deck Stehenden ergreift eine Stimmung, als würde ihnen des Schönen zu viel zuteil. Kann unser Expeditionsbeginn besser ausfallen?

An einem Kai mitten in der Stadt machen wir die *Langøysund* fest. Von hier aus ist es nicht mehr weit bis zum nächsten Pub, und von daher entsteht keine Diskussion über eine andere Anlegealternative.

Falk, der sich hier bestens auskennt, gibt die Parole aus: »Auf ins Skarven!« Die Kneipe, eine Institution in Tromsø, ist groß und hoch, aber doch urgemütlich. Die Nähe zur See gibt ihr das Ambiente. Schiffsmodelle hängen von der Decke, und Fischernetze dekorieren die Wände. Einfarbige Bilder erzählen von vergangenen Zeiten, als die Dorsche noch so groß waren wie die Fischer und der Walfang noch zum Überlebenskampf der ärmlichen Bevölkerung an den nördlichen Küsten gehörte.

Tromsø, die größte Stadt Nordnorwegens, ist Ausgangspunkt für alle europäischen Expeditionen zu Schiff in Richtung Norden. Hier wurde und wird das letzte Mal Treibstoff gebunkert, Proviant geladen und die letzte Besorgung erledigt. Die Robben- und Walfänger haben dies ebenso gehalten wie die Schiffe der großen und kleinen Expeditionen zur Erforschung der Arktis. Diese Aktivitäten geben der Stadt auch heute noch ein gewisses Flair. Legen hier im Mai die Robbenfänger an, stehen die Leute Schlange, um das begehrte schwarze Robbenfleisch zu erwerben. Tran und Felle werden in der Firma Riber auf der Festlandseite unter der 1000 m langen Brücke verarbeitet, welche die Stadtteile auf der Insel mit denen auf dem Festland verbindet. Hier erhalte ich den Robbentran, der das Hundefutter anreichert.

Auf der Inselseite reihen sich nach Norden hin die Werften und die Schiffszubehörunternehmen. Trawler haben an den Kais angelegt, um ihre Ladung zu löschen oder das Schiff für den nächsten Fang klarzumachen. Hier liegt das große Forschungsschiff Lance des norwegischen Polarforschungsinstituts, daneben der rostige Trawler einer russischen Reederei. Die unzähligen Kneipen sind für den Beinamen Tromsøs als »Paris des Nordens« verantwortlich. In der Stadt ist alles erhältlich, was man in arktischen Breiten benötigt, Seekarten ebenso wie Offshore-Bekleidung und natürlich Rum im staatlichen *Vinmonopol*.

ZWEITER TAG

Am Morgen sorgt das mit unseren Hunden beladene Schiff für Aufsehen. Die Leute fragen nach dem Woher und Wohin, was das für Hunde seien und vieles mehr. Eine älterer, bärtiger Mann schaut andächtig und zugleich prüfend auf die Tiere, weiß, um welche Sorte es sich bei unseren Huskys handelt – eine Mischung aus Grönlandhunden und Siberian Huskys –, und erzählt von seinen zwei Überwinterungen auf Spitzbergen nach dem Zweiten Weltkrieg. Die Gegend, in die wir wollen, kennt er nicht, kann aber sonst so manches berichten. Er rät, besonders auf die Gletscherspalten Acht zu geben, und wünscht uns viel Glück.

Auch die Huskys finden den Menschenauflauf recht spannend, schauen neugierig über die Reling und etwas verächtlich auf die an der Leine geführten Vierbeiner, die sie kaum als Artgenossen anerkennen wollen: »Das sind eben Laternenpfahlpinkler. Die wissen weder, was ein vernünftiger Schneesturm ist, noch, wie ein ordentliches Stück trantriefendes Robbenfleisch schmeckt. So etwas sollte man gar nicht beachten!«

Langsam regt sich an Bord auch die Mannschaft, die eine etwas längere Nacht in der Bar verbracht hat. Svein, der Zweite Steuermann, erreicht unser Schiff, als wir gerade 6500 Liter Diesel bunkern. Auch er scheint letzte Nacht einiges gebunkert zu haben, denn sein Blick ist noch ein wenig starr.

Der Wetterbericht verspricht brauchbares Wetter: eine starke Brise bis mittlerer Starkwind aus östlichen Richtungen. Auf halber Strecke, in Höhe der Insel Bjørnøya, liegt östlich von unserer Route festes Eis. Dieses Eis wird bei Ostwind die See beruhigen. So kann sich kaum schwerer Seegang bilden, es sei denn, der Wind dreht ...

Endlich ist das Schiff klar zum Ablegen. Der Eigner geht von Bord, und die dreiköpfige Besatzung, wir sechs Expeditionsteilnehmer und die 28 Hunde sind unter sich, als die Taue von den Pollern ins Wasser klatschen.

Knapp drei Tage werden wir für unsere Fahrt bis zum Isfjord auf Spitzbergen benötigen – bei gutem Wetter. Und wirklich lacht die Sonne aus vollem Halse, bescheint die Berge links und rechts der Fjorde, die sich im stillen Wasser spiegeln, als könne hier niemals ein Windhauch die Ruhe stören.

Erst weiter draußen, als wir das offene Meer erreichen, macht sich eine lang gezogene Dünung aus Westen bemerkbar, die das Schiff rollen lässt. Die Hunde fühlen sich nicht mehr wohl, denn auf dem Stahldeck des Schiffs finden sie mit ihren Krallen keinen Halt.

In eine Box der Hundekisten verfrachten wir jeweils zwei Hunde, wenn möglich immer ein männliches und ein weibliches Tier zusammen, damit es keine Beißereien gibt. Da wir erheblich mehr männliche Tiere dabeihaben, ist es ein Glück, dass sich auch einige Rüden zu zweit in einer Box vertragen, wenn die Rangordnung feststeht. Nur Jakob und Panda kommen einzeln in eine Box, da sie nicht zusammenpassen. Martin und Jussi kümmern sich unermüdlich und gewissenhaft um die Hunde. In jede Box streuen sie Hobelspäne, jeder Hund bekommt Wasser mit ein wenig Hundefuttergemisch verabreicht. Wasser pur trinken die Hunde nicht so gern. Jetzt sollen sie aber so viel saufen, wie es irgend geht. Nur auf diese Weise kann eine Dehydrierung vermieden werden, wenn wir sie bei schlechtem Wetter auf der Überfahrt einmal nicht aus den Boxen nehmen und mit Wasser versorgen können.

Für uns ist die Überfahrt mit dem Schiff der passive Teil der Expedition. Wir bewegen uns nicht, sondern wir werden bewegt. Eine unübliche Situation, an die ich mich nicht richtig gewöhnen kann. Doch vorerst haben wir noch einiges zu tun. Wir studieren noch einmal die Karten, legen die möglichen Routen von den zugefrorenen Fjorden auf die Gletscher fest und versuchen den Zeitrahmen der einzelnen Etappen zu bemessen.

Vom Isfjord an der Westküste Spitzbergens wollen wir mit unseren vier Hundeschlitten in nördlicher Richtung über das Gletschergebiet von Holtedahlfonna und den zugefrorenen Woodfjord bis zu Christiane Ritters Hütte vordringen. Gråhuken liegt am nördlichen Ende der Halbinsel Andréeland, die sich zwischen dem Wijde- und dem Woodfjord erstreckt. Von dort aus soll uns unser Weg in einer zweiten Etappe in südlicher Richtung über den Wijdefjord, die Gletscher Mittag-Leffler-Breen und Nordenskjöldbreen sowie den Billefjord zurück zum Isfjord führen, eventuell – je nach Wetterlage – mit einem östlichen Schlenker nach Longyearbyen. Die gesamte Wegstrecke beträgt rund 600 Kilometer. Übernachtet wird im Zelt. Die Ausrüstung, das Hundefutter – rund 600 Kilogramm für eine Etappe! – und der Proviant werden auf den Hundeschlitten transportiert. Für die zweite Etappe werden wir in Gråhuken ein Depot mit 550 Kilogramm Hundefutter und 50 Kilogramm Proviant vorfinden. Über den Verlauf der Expedition berichten wir täglich auf unserer Homepage im Internet. Mit der Außenwelt stehen wir über Kurzwellenfunk und Satellitentelefon in Verbindung.

Die Schiffsmannschaft hat zunächst unsere Verpflegung übernommen. Es gibt Dorsch, der nirgendwo besser schmeckt als an der

Küste. Nur Martin schüttelt sich. Kochfisch ist seine Sache nicht. Egal, wie frisch der nun sein mag. »Uaarggh«, lässt er sich mit angewiderter Miene vernehmen.

Ansonsten weisen die Lebensmittel und Getränke geschichtsträchtige Verfallsdaten auf. Das Bier schmeckt sauer, und als der Hering aus dem Glas auf der Zunge zu brennen beginnt, übernehmen wir das Kommando in der Kombüse. Wortlos ergreift Falk die Initiative und macht in der Kombüse klar Schiff. Er ist in seinem Element. Töpfe klappern, Porzellangeschirr wird gewaschen und in saubere Schränke gestapelt, viele Lebensmittel wandern in den Müll. Bald sieht die Kombüse fast einladend aus.

Die aussortierten Nahrungsmittel stehen in vollkommenem Einklang mit dem Flair dieses Schiffs. Zwar zögern die Zulassungsbehörden das Verfallsdatum der *Langøysund* jedes Jahr erneut hinaus, aber wir können uns des Eindrucks nicht erwehren, dass am Schiff immer nur das Allernötigste unternommen wird, um das begehrte Zertifikat zu erhalten.

Zum festen Schiffsinventar gehört eigentlich nur Sigbjörn, der Maschinist. In seinem Arbeitsraum sieht es auch richtig ordentlich aus. Alle Werkzeuge hängen an ihrem Platz, und die Maschinen glänzen in einem sauberen Gelb. Ohne ihn würde hier sicher nur wenig laufen. Er ist die Seele des Schiffs, kennt es in- und auswendig. Bereits seit fünf Jahren verbringt er den ganzen Sommer mit der *Langøysund* an Spitzbergens Küsten, um Touristen zu den Sehenswürdigkeiten des Archipels zu fahren. Mit seinem äußeren Erscheinungsbild will Sigbjörn den Kontrast zwischen sich und dem Schiff minimal halten, sowohl vom Verfallsdatum her als auch im Hinblick auf die konsequente Haltung, immer nur das Nötigste zu unternehmen.

Wer sieht, wie Svein, der Zweite Steuermann, sich bewegt, muss dreierlei vermuten: erstens, dass Svein mit allen Mittel verhindern möchte, jemand könne auf die Idee kommen, er habe ein inniges Verhältnis zu den geistigen Getränken, oder er sei schwer von Gicht befallen oder beides. Sveins über 20-jähriges Arbeitsleben begann, als er 16 Jahre alt war, auf einem Schiff, das in Richtung Spitzbergen auf Robbenjagd fuhr. Heute ist er in einem festen Arbeitsverhältnis auf einem Löschboot der Feuerwehr in Tromsø tätig.

Der Kapitän ist mit seinen 24 Jahren der Jüngste an Bord. Robin arbeitet normalerweise auf einem Seenotrettungskreuzer. Jetzt feiert er gerade seine einmonatige Freiwache ab, und da das Landliegen seine Sache nicht ist, nimmt er zwischendurch gern Aufträge wie diesen an.

Allen gemeinsam ist die Leidenschaft für die Zigarette. Vielleicht, weil ihre Arbeit an Bord in erster Linie aus Warten besteht. Warten, dass die Freiwache beginnt, und wenn man dann frei hat, kann man nur schlafen oder warten, dass die vierstündige Freiwache endet. Auf der Brücke ist eigentlich nichts los. Der Autopilot hält die Fahrtrichtung des Schiffs – in unserem Fall genau nach Norden. Ab und zu wirft man einmal einen Blick auf den Radarschirm, ob sich ein anderes Schiff nähert und auf den Bildschirm, um festzustellen, dass sich weder die Geschwindigkeit des Schiffs noch seine Richtung geändert haben. Manchmal wandert der Blick nach draußen: graue Wellen, grauer oder blauer Himmel, ab und zu eine Möwe. Man wartet, dass die Ablösung die Freiwache einläutet.

Der Maschinist arbeitet in einem etwas anderen Rhythmus. Alle zwei Stunden muss er in den Maschinenraum hinabsteigen, um die Daten der Maschine abzulesen: Öldruck, Motortourenzahl, Kühlwassertemperatur und so weiter. Sigbjörn hat gegenüber den anderen den Vorteil, dass er viel und gern liest, vorzugsweise Automagazine. Er behauptet, dass man selbst in einer zehnmal gelesenen Zeitung immer wieder etwas Neues entdecken und so das Warten erträglich gestalten kann.

Die Zigarette scheint allen das einzig geeignete Mittel zu sein, die Zeit totzuschlagen. Sie rauchen, was das Zeug und die Lunge hält. Denn Rauchen ist ja zollfrei, für norwegische Verhältnisse also praktisch umsonst. Mit jeder gerauchten Packung spart man zehn Euro. Der Verdienst auf dem Schiff ist somit doppelt: die Heuer und das beim Rauchen gesparte Geld. Die Heuer kann man nicht erhöhen, die Summe des gesparten Gelds schon. Und das versuchen sie aus Leibeskräften. Im Kartenraum sind die ursprünglich neun Quadratmeter Luft bisweilen selbst mit einem scharfen Messer nicht zu schneiden. Um die Seekarten zu lesen, benötigen wir Radar.

Je weiter die Küste unserem Blick entschwindet und der Seegang in dem kräftig auffrischenden Wind aus Norden zunimmt, umso größer ist unser Bedürfnis nach frischer Luft oder zumindest nach Qualm, der noch ein wenig atembare Luft enthält. Ein Ding der Unmöglichkeit in diesem Schiff.

DRITTER UND VIERTER TAG

Langsam nehmen der Wind und der Seegang zu. Jeder von uns begibt sich in die Horizontale, entweder auf einer Bank in der Messe oder in einer der Kojen im unteren Deck des Mittelschiffs. Falk sucht nichts ahnend die Kojen des Vorschiffs auf. Ein großer Fehler, wie sich bald zeigen wird. Hier kommt er über 36 Stunden lang nicht mehr heraus, denn ein Unwetter naht. Die Bewegungen des Schiffs nehmen langsam, aber spürbar zu. Es bäumt sich auf gegen den Sturm und die Wellen, hebt sich auf den Wellenkamm und fällt wieder in die Tiefe des Wellentals, um sofort wieder steil in die Höhe zu steigen.

Polternd fliegt ein Blumentopf mit einer Plastikpflanze durch den Raum, gefolgt von einigen Büchern. Alles, was nicht niet- und nagelfest ist, gerät in Bewegung und wird notdürftig irgendwo eingeklemmt. Trotzdem schliddert ständig ein buntes Allerlei aus

Rucksäcken, Zeitschriften, Plastiktassen, Kleidungsstücken und anderen Ausrüstungsgegenständen über den Boden.

Immer häufiger taucht das Vorschiff tief ins Wasser ein und wird von tonnenschwerer Flut überspült. Dann wieder schlägt es hart auf das Wasser auf, so dass der ganze Schiffsrumpf unter ohrenbetäubendem Krachen erzittert. An Falk unten im Vorschiff wage ich nicht zu denken. Nicht, wie er unter Aufbietung all seiner Kräfte versucht, die schmale Treppe nach oben zur Tür hinaufzuklimmen. Aber seine Kräfte reichen nicht, den Körper gegen diese Urgewalten abzufangen. Einen wild gewordenen Ochsen auf einem Rodeo zu reiten, kann kaum schwerer sein. So bleibt ihm nichts anderes übrig, als allein im Vorschiff das Unwetter zu erdulden. Im Nachhinein bin ich froh darüber, denn er wäre sicher nicht heil über das Vorschiff gekommen, sondern über Bord gespült worden.

Stunde um Stunde vergeht im Halbschlaf. Die Zeit verschwimmt im endlosen Grau der Gischt, der Wellen und des Himmels. Die gleichmäßigen Geräusche des Motors, das dumpfe Aufprallen des Vorschiffs auf die Wellen und eine leichte Seekrankheit lähmen entsetzlich. Die Schwerkraft scheint sich vervielfacht zu haben. Wie von einer unsichtbaren Kraft fühle ich mich auf die Bank gedrückt. Selten schaue ich auf die Uhr. Ist es abends oder morgens? Darüber kann mir die Uhr keine Auskunft geben.

Meine Gedanken wandern immer wieder zu den Hunden in den Kisten auf dem Achterdeck. Wie mag es ihnen ergehen? Unmöglich, ihnen etwas zu trinken geben, sie herauszulassen, damit sie ihr Geschäft verrichten können. Sie würden über Bord gespült. Mute ich den Hunden zu viel zu?

Irgendwann wecken mich dumpfe, sich immer wiederholende Schläge. An Deck muss sich etwas losgerüttelt haben. Sind das die Hundekisten? »Das Rettungsboot hat sich losgeschlagen und donnert nun gegen die Hundekisten!«, brüllt Svein in die Messe. In voller Montur kämpfen Martin und er sich hinaus. Es dauert qualvoll lange Minuten, bis von dem Rettungsboot nichts mehr zu hören ist. Martin und Svein sind also nicht über Bord gespült worden.

Irgendwann poltern sie die schmale Treppe des Niedergangs hinunter. Martin berichtet kurz von der erfolgreichen Aktion. Auch er macht sich Sorgen über den Zustand der Hunde. Gehen die Tiere nicht ein vor Angst? Die Bewegungen, das tosende Meer, der heulende Sturm und dann noch das Aufschlagen des Rettungsboots an die Kisten müssen sie in Angst und Schrecken versetzt haben. Doch wir können nichts tun. Nur abwarten. Dieses Nichts-tun-Können ist furchtbar und entsetzlich. Martins sorgenvolles Gesicht verrät viel, als er sich wieder auf seine Bank legt.

Die Bäreninseln liegen schon fast querab, als uns der Wetterbericht jegliche Hoffnung nimmt, Spitzbergen zu erreichen. Der Sturm soll noch stärker werden. Die Bäreninseln sind weiträumig von Eis umschlossen und können uns somit keinen Schutz gegen diese Naturgewalten bieten. Das Seewetteramt warnt alle Schiffe vor einer starken Vereisung zwischen den Bäreninseln und Spitzbergen. Tiefe Temperaturen, hohe Luftfeuchtigkeit und viel Gischt, die sofort an dem eiskalten Schiff gefriert, sind die Ursachen dieses Phänomens. Das Eis wächst schnell zu einem dicken Eispanzer, der tonnenschwer an den Aufbauten haftet und das Schiff kopflastig und instabil werden lässt, bis es kentert. Ist das Wetter nicht gar so stürmisch, kann die Besatzung das Eis mit großen Holzhämmern abschlagen und ins Meer schaufeln. Doch in diesem Sturm kann sich auf dem rollenden Schiff niemand auf ein vereistes Deck trauen, es gibt dort kein Halten. Entweder werden die Knochen zerschmettert, wenn man haltlos gegen die Aufbauten schleudert, oder eine der vielen Wellen spült den Unglücklichen über Bord. Der Schrecken der Vereisung hat schon viele Schiffe und Mannschaften das Leben gekostet.

Die Entscheidung ist einfach: umdrehen und versuchen, die norwegische Küste zu erreichen. Deren Umsetzung nicht. Denn Robin wagt nicht, Wind und Wellen die Breitseite zu zeigen, die Gefahr des Kenterns ist ihm zu groß. Über drei Stunden hinweg kämpft er mit sich, mit den sieben Meter hohen Wellen und mit dem Schiff, bis er – Augen zu und hoffentlich durch – das Ruder herumreißt. Die *Langøysund* legt sich ganz flach, wir müssen uns mit allen Kräften festhalten. Alle Gegenstände an Bord, die bisher noch nicht auf Wanderschaft, aber nicht ordentlich gesichert sind, fliegen durch das Innere des Stahlkolosses. Aber dann ist es geschafft, das Schiff richtet sich wieder auf, und wir treten den Rückzug in ruhigere Gewässer an. Doch bis dorthin vergehen noch geschlagene 24 Stunden.

Wieder werde ich von Svein (hat er immer noch oder schon wieder Wache, oder arbeiten sie jetzt zu zweit auf der Brücke?) aus dem lähmenden Halbschlaf gerissen: »Die Hundekisten haben sich gelöst und drohen ins Meer zu stürzen!« Im Liegen ziehe ich mir Overall und Gummistiefel über. Der Wind reißt mir die Tür fast aus den Händen, und dann höre ich nur noch das Schreien der Hunde. Ein Schreien, das mir durch Mark und Bein geht. Unendlich viel Zeit vergeht, bis ich, robbend und mich ständig festklammernd, die wenigen Meter von der Tür bis zu den Hundekisten auf dem leicht vereisten Deck zurückgelegt habe. Die Kisten haben sich gelöst und verschoben. Eine schwarzweiße Hundepfote ist von der unteren, verrutschten Kiste eingeklemmt. Gegen den Sturm brülle ich nach einem Brecheisen, um das Bein befreien zu können. In der Zwischenzeit versuche ich mit allen Kräften, die übereinander gestellten Kisten mit den 28 Hunden hochzuheben, damit der Hund sein Bein herausziehen kann. Ich habe das Gefühl, mir platzen fast die Adern im Kopf vor Anstrengung, und doch heben die Kisten sich keinen Millimeter. Erst eine heftige Schlingerbewegung des Schiffs hilft mir bei meinem verzweifelten Bemühen, und der Hund kann seine Pfote befreien. Das Schreien der Hunde verstummt. Haben die anderen Hunde nur aus Solidarität oder aus Angst mitgeschrien? »Was für eine Scheißidee ist diese Spitzbergen-Expedition! Was mute ich meinen Hunden nur zu?«

Martin weiß auch gleich, wem die Pfote gehört: Prikken, einem jungen Hund, der gerade seine erste Saison meistert.

Dann endlich haben fast alle ihre wetterfeste Montur übergestreift, und wir verzurren die Hundekisten neu und erheblich fester. Die Angst aber, die Kisten samt den Hunden könnten ins Meer gespült werden, weicht während der gesamten Rückfahrt nicht von mir.

Ich liege auf meiner Bank und hoffe inständig, dass wir so schnell wie möglich das Festland erreichen und nicht von irgendwelchen Winden daran gehindert werden, wie es zwei Norwegern vor über 100 Jahren geschah. Es war Sommer, als die Jäger Sivert Brækemo und Johan Christensen in einem offenen Boot gen Spitzbergen segelten. Ein Fischerboot sollte zum Festland zurückgebracht werden, das sie nach der letzten Saison auf Spitzbergen zurückgelassen hatten. Eine kräftige Brise aus Nordost führte dazu, dass die Überfahrt dreizehn Tage währte. Endlich auf Spitzbergen angekommen, jagten sie Rentiere und Robben, und obendrein überließ ein deutscher Kreuzer, von dem aus Jagd betrieben wurde, ihnen noch einen Wal.

Gut beladen segelten sie nach Süden. Als das Nordkap Festlandnorwegens bereits am Horizont auftauchte, flaute der Wind jedoch ab. In der hohen Dünung verschob sich die Ladung, und ein starker Sturm aus Süden trieb sie – inzwischen mit gebrochenem Ruder – wieder nordwärts.

Nach mehreren Tagen kam Spitzbergen erneut in Sicht. Eis versperrte die Flucht nach Süden, und so kam, was kommen musste –

die Überwinterung auf Spitzbergen. Trotz ihrer unzulänglichen Ausrüstung gelang ihnen die Jagd, der sie ihr Überleben verdankten. Erst im August 1894 erreichten sie Tromsø.

FÜNFTER UND SECHSTER TAG

Es dämmert gerade ein neuer Morgen, als wir die Insel Vannøya am äußeren Rand der norwegischen Küste erreichen. Die Stimmung ist zwiespältig. Zum einen sind wir froh, mit heiler Haut aus diesem Inferno herausgekommen zu sein, zum anderen sind wir aber nicht in Spitzbergen. Sollen wir einen zweiten Versuch wagen? Ich entscheide mich dafür, ohne allerdings wirklich überzeugt zu sein. Erst will ich mir die Hunde anschauen. Sie sollen schnellstens von Bord auf die schneebedeckte Insel, denn sie müssen vor Durst ja fast umkommen. Als wir an einem kleinen Kai anlegen, stürmt ein schon recht angeheitertes Empfangskomitee aus Freunden und Bekannten des Kapitäns das Schiff und will die große Party vom Stapel lassen. Uns ist überhaupt nicht danach. Zum Glück merkt Robin das – das Komitee ist dazu nicht mehr in der Lage – und verschwindet mit den Freunden des Rausches in die Tiefen der Insel, wo die Quelle des Selbstgebrannten nicht zu versiegen scheint.

Rasch vertäuen wir die Stahlseile am Ufer, holen die Hunde aus den Boxen und seilen sie an. Endlich stehen sie wieder im Schnee. Doch auch sie sind nicht zu einer großen Party aufgelegt. Zwar merkt man ihnen die Erleichterung an, dass sie ihre zum Bersten gefüllten Blasen leeren können, viele trinken jedoch eher lustlos von unserer Mixtur aus Wasser und Hundefutter. Ein paar wälzen sich auch gleich im Schnee und fressen von dem kühlen Nass, aber im Wesentlichen bietet die Ansammlung Hunde ein Bild des Jammers. Jussi spricht aus, was wir alle denken: »That looks not good.«

Kaum einer der Hunde findet zurück zu seiner stolzen Körperhaltung mit erhobenen Kopf und aufgerichteter Rute. Sie fressen lustlos – ein schlechtes Omen für diese robusten Hunde. Der Anblick ist ernüchternd. Trotz der Freude, sicheres Land unter den Füßen zu haben, ist unsere Laune gedämpft. Mit Hunden, die in solch einer schlechten Verfassung sind, können wir keinen zweiten Versuch wagen.

Einziger Lichtblick ist Prikken. Er tritt mit allen vier Pfoten auf, als wäre nichts passiert. Lediglich ein paar Schürfwunden erinnern an den Alptraum.

Falk überrascht uns an Bord mit einem leckeren Nudeleintopf, der uns allen wie gerufen kommt. Schließlich handelt es sich um unsere erste warme Mahlzeit seit vier Tagen. Damit kehren Lebensgeister und Mut zurück. Uns tut aber auch die frische Luft und die Stille nach den Tagen mit dem Maschinenlärm gut. Gegen vier Uhr in der Frühe verschwinden wir in den Kojen.

Der Duft von gebratenem Speck und Kaffee weckt uns am späten Morgen. Björn Terje weiß, wie er das Team bei Laune hält und aus den Federn bekommt.

Die Hunde an Land sehen schon besser aus. Nur Panda und Jakob machen einen verstörten Eindruck. Beide waren allein in ihren Boxen untergebracht. Ist das ein Fehler gewesen? Hat ihnen das Sicherheitsgefühl gefehlt, das ein Boxengenosse schon allein durch seine bloße Anwesenheit vermittelt? Es sind Rudeltiere, die das Alleinsein unter erschwerten Bedingungen offensichtlich nur schlecht vertragen. Da reicht es nicht, dass sie ihre Boxennachbarn riechen und hören können. Der direkte Kontakt ist nötig. Für den zweiten Versuch dürfen wir keinen Hund mehr allein in einer Box unterbringen.

Ohne große Diskussionen teilen wir uns in zwei Gruppen auf. Die eine Gruppe versucht, den Hunden so viel Wasser und Futter wie möglich zu verabreichen, um sie aufzupäppeln. Die andere unter Leitung von Björn Terje als Handwerker kümmert sich um eine gänzlich verbesserte Befestigung der Hundekisten an Deck. Wie Ameisen schwirren alle aus, in dem Bestreben, dass der zweite Versuch, Spitzbergen zu erreichen, besser verlaufen soll. Bald kommen die Ersten beladen mit Planken und Balken, die ihnen die Bewohner der Insel verkauft haben, zum Schiff zurück. Jetzt wird gesägt und gehämmert, als gelte es, die *Langøysund* für eine Schlacht umzurüsten. Es ist eine Freude zu sehen, wie sich alle Expeditionsmitglieder für die gemeinsame Sache ins Zeug legen. Mit dem Fortschritt der Arbeiten wächst die Zuversicht – man kann sie regelrecht fühlen. Am Nachmittag bewundert die Hundegruppe die grundsolide Konstruktion der Hundekistenbefestigung, während die Schiffsgruppe schon recht fidele Hunde im Schnee begrüßen kann.

Gegen Abend fährt die *Langøysund* nach Tromsø, um dort am nächsten Morgen erneut zu bunkern und den beschädigten Autopiloten reparieren zu lassen. Die Hunde können einen zusätzlichen Tag Pause gut gebrauchen.

Dieser eine Tag bringt die Wende. Wie ausgewechselt erwachen die Hunde am nächsten Morgen und nehmen ihre stolze Körperhaltung ein. Selbst Panda und Jakob sind wieder ganz die Alten.

SIEBTER BIS NEUNTER TAG

Die Sonne lacht über der freundlichen Fjordlandschaft. Für uns ist das nicht unbedingt ein gutes Zeichen, denn die Tiefdruckgebiete werden von dem kräftigen Hoch über uns weiter nach Norden in das Nordmeer geschoben, genau zwischen die Bäreninseln und Spitzbergen. Das meteorologische Amt spricht für die kommenden Tage von einer starken Brise bis leichtem Starkwind aus Südosten, also einem Wind, der uns eher anschiebt. Wir können nur hoffen, dass der Starkwind nicht wieder in Sturm übergeht.

Mit sämtlichen Tricks versuchen wir jedem Hund so viel Wasser zu verabreichen wie möglich. Eine Dehydrierung der Hunde – die eindeutige Ursache ihres schlechten Zustands bei der Ankunft auf Vannøya – müssen wir unter allen Umständen vermeiden.

Verwundert stellen wir beim Verladen der Hunde fest, dass sie ihre anfängliche Scheu vor dem Schiff verloren haben. Sie tun so, als sei eine Schiffsreise für sie das Selbstverständlichste auf der Welt, schnuppern neugierig hier und da und machen einen Satz in die Boxen, als hätten sie auf diesen Augenblick sehnsüchtig gewartet. Sind die Tiere derart anpassungsfähig? Ich habe mir nach unserem ersten und missglückten Versuch einfach nicht vorstellen können, wie Amundsen 1910 auf seiner Südpolexpedition die Hunde von Oslo bis in die Antarktis auf dem Schiff transportieren konnte. Dabei musste er auch noch den Äquator und die extrem aufgewühlte See des Südatlantiks überqueren. Die robusten Expeditionshunde versetzen mich jedes Mal wieder in Erstaunen.

Diesmal werden immer zwei Hunde zusammen in einer Box untergebracht, auch wenn aus einigen Boxen Rumoren und Knurren zu hören ist. Zu zweit fühlen sie sich in ihren Aluminiumhöhlen wesentlich sicherer.

Von der Ausgangstür zum Achterdeck befestigen wir ein Seil zu den Hundekisten. Bei starkem Seegang und wenn das Deck zur spiegelglatten Fläche vereist, können wir uns daran einklinken und werden nicht über Bord gespült oder gegen irgendwelche Aufbauten geschleudert.

Die Schaukelei der *Langøysund* beginnt dieses Mal unmittelbar beim Verlassen des Fjords. Doch seekrank wird niemand mehr, uns allen sind Seebeine gewachsen. Meine Bank steht quer zur Fahrtrichtung. Hier werde ich nun wie auf einer Achterbahn sieben Meter angehoben und gleichzeitig in die Lehne der Bank gedrückt. Nach Erreichen des Wellenkamms stoße ich mit dem Kopf an das obere Ende der Bank, um wieder in die Tiefe zu stürzen. Hierbei gilt es sich nach rechts abzustützen, will ich nicht unter dem Tisch landen.

Das würde ganz gut klappen und nach einer Weile sogar im Schlaf, wären da nicht die seitlichen Schaukelbewegungen, die sich nach ungefähr vier Wellen langsam aufbauen und nach weiteren drei Wellen plötzlich verebben, wenn das Schiff für kurze Zeit die Eigenstabilität gefunden hat. Mitten in diesem Bewegungsrhythmus überkommt mich jedes Mal das Gefühl, jemand würde mich am Fuß ziehen und von der Backbord- zur Steuerbordseite schleudern wollen. Dann muss ich mit dem linken Fuß blitzschnell den Pfeiler am Fußende zu finden und mich an ihm abstützen. Doch das ist nur ungefähr alle sechs Wellen notwendig.

Das Ganze lässt sich gut etwa zwei oder drei Stunden aushalten. Das Problem besteht nur darin, dass dieser Zustand zwei oder drei Tage dauern wird. Zwei Tage später senden wir folgenden Funkspruch an Peter Bickel, der unsere Liveberichterstattung auf unserer Homepage betreut:

»Wie eine Wand hat sich zwischen uns und Spitzbergen mal wieder ein Sturmzentrum aufgebaut. Unglücklicherweise zieht das Tief auch noch südlich. Bei einer Weiterverfolgung unseres nördlichen Kurses hätten wir dem Damoklesschwert des Sturms und der damit einhergehenden Vereisung kaum mehr entrinnen können. Die Entscheidung des Kapitäns, erneut umzudrehen, war also genau richtig.

Es gibt aber zwei Lichtpunkte: Die Hunde haben sich erstaunlich gut an das Seemannsleben auf einem schlingernden Schiff gewöhnt. Gestern konnten wir sie an Deck lassen; sie sind guter Dinge. Das Expeditionsteam lässt sich von der erneuten Umkehr nicht entmutigen. Dafür sind alle viel zu professionell. Wir wollen es ein drittes Mal probieren, sobald sich das Wetter beruhigt hat. Heute Abend werden wir in Tromsø einen sicheren Hafen anlaufen.«

Doch so einfach, wie dieser Funkspruch es vermuten lässt, ist die Sache nicht.

Der letzte Versuch

»Sollte ich schon den Fatalismus der Männer angenommen
haben? Ist es der Einfluss der arktischen Natur, der die
Menschen ändert? Weiß man hier deutlicher als sonst wo,
dass alles seinen vorgeschriebenen Weg geht, auch ohne
das Dazutun des Menschen?«

CHRISTIANE RITTER

ZEHNTER UND ELFTER TAG

Also zurück auf Los. Die Suche nach einem Hafen, in dessen Nähe
die Hunde auf Schnee stehen können und die Entfernung zu den
Nachbarn eher großzügig bemessen ist, gestaltet sich schwierig.
Schließlich finden wir gegenüber dem Industriehafen von Tromsø
einen Kai und einen Flecken für die Hunde. Hier werden sie an Land
angepflockt und finden Schnee genug, um ihren Durst zu löschen.

Aus dem Tagebuch:

»Das Erstaunlichste an unserer – im wörtlichen Sinne – Kreuz-
fahrt im Eismeer ist die Wandlung der Hunde. Als sei es das Selbstverständlichste der Welt, stehen sie auf den schwankenden Planken
und gehen nach verrichtetem Geschäft gern in die Boxen zurück.
Heute wälzen sie sich in dem frischen Schnee und strotzen vor
Kraft. Wie Hochleistungsathleten, die antreten, sich die schneebedeckte Welt untertan zu machen, stehen die Muskelpakete da
und warten auf die Geschirre und Schlitten.«

Noch am Abend kommt der Skipper wieder an Bord und erzählt,
dass er beabsichtige, das Schiff morgen ins Trockendock zu stellen
und das Unterwasserschiff überholen zu lassen: »Wo wir jetzt schon
in Tromsø sind!« Die Nachricht nehmen wir mit wenig Begeisterung auf, denn dadurch geht uns mindestens ein weiterer Tag ver-

loren, und wie wir sein Organisationstalent bisher kennen gelernt haben, besteht die akute Gefahr, dass es nicht dabei bleibt.

Für uns zählt jeder Tag. Wir haben nun beschlossen, dass der dritte Versuch, Spitzbergen zu erreichen, unser letzter sein soll. Mit jedem Tag, den wir später als geplant auf Spitzbergen eintreffen, geht uns ebenso viel Zeit für unsere Expedition verloren. Zwar wissen wir nun, das die Eiskante nicht vor Spitzbergen liegt, sondern dass wir mit dem Schiff bis in den Isfjord hineinfahren und dort mit der Schlittenexpedition beginnen können. Über eine schlechte Funkverbindung treten wir in Kontakt mit Erik Solheim, einem Trapper, der bei Kap Wijk am Nordfjord lebt, einem Arm des Isfjords. Er informiert uns über die Eis- und Schneeverhältnisse vor seiner Hüttentür. Wenn alles klappt, könnten wir von dort starten. Damit hätten wir drei Tage gespart – falls sich die Eisverhältnisse nicht wieder ändern, was in der Arktis sehr schnell geschehen kann. Bisher haben wir mit den ersten beiden erfolglosen Versuchen elf Tage verloren. Das ist sehr viel, und diese Tage fehlen uns auf Spitzbergen. Gråhuken und die Hütte von Christiane Ritter können wir nun fast nur noch bei idealen Schneeverhältnissen erreichen. Kein Unwetter darf uns aufhalten, und die Fjorde müssen so zugefroren sein, dass sie uns über lange Strecken als Weg dienen können. Bei der knappen Zeitplanung sind dies ziemlich gravierende Unsicherheitsfaktoren.

Wir setzen uns den 22. April als letztmöglichen Termin, um mit den Hundeschlitten loszufahren. Ist die Gefahr zu groß, dass wir diesen Termin nicht einhalten können, brechen wir die Expedition für dieses Jahr ab. Das ist eine schwere Entscheidung, besonders für die Teilnehmer, die ihre letzten Ersparnisse und mehr für die Expedition zusammengekratzt haben. Diejenigen von uns, für die unsere Expedition die einzige Chance ist, in absehbarer Zeit nach Spitzbergen zu kommen, wollen nichts unversucht zu lassen, um spätestens am 22. April auf den Schlittenkufen zu stehen. Andere schätzen die Situation pessimistischer ein und äußern erste Zweifel. Das ist verständlich, denn die ersten beiden Versuche haben sehr an den Nerven gezerrt. Die Warterei auf die Schiffscrew, auf das Verlassen des Trockendocks, auf das Bunkern oder das Hoffen auf besseres Wetter im Nordatlantik und das Gefühl, diesem allem machtlos gegenüberzustehen, das ist nicht für jeden leicht zu ertragen.

Doch Warten und vor allem Abwarten sind Tugenden, die von der Arktis und der Natur regelrecht abgefordert werden. Nur sind sie nicht jedermanns Sache. Und denen, die zu Hause im Alltag gewohnt sind, ständig die Initiative zu ergreifen, fällt das Warten besonders schwer.

In solchen Situationen, die für niemanden besonders angenehm sind, verweise ich gern auf das Beispiel von Fridtjof Nansen und seinem Expeditionsgefährten Johansen, die 1895/96 auf Franz-Joseph-Land, der Spitzbergen im Osten benachbarten Inselgruppe, in einem kleinen Steinverhau über neun Monate eigentlich nur eines getan haben, nämlich warten. Gewartet, dass das Eis taut und sie mit ihren Kajaks Spitzbergen anvisieren können. Zu zweit in einem Schlafsack aus Rentierfell mit dem – in dieser Situation – Nachteil, sich nicht zu den Anhängern der Homophilie zu zählen, in einer dunklen und kalten Höhle. Eine kümmerliche Tranfunzel gab nur schwaches Licht, und zu lesen hatten sie auch nichts. Wie haben sie es nur geschafft, dass sie nicht die Wände hochgegangen sind oder den Verstand verloren haben?

Dagegen befinden wir uns in einer geradezu luxuriösen Lage, denn in Tromsø geht das Bier so schnell nicht aus, zu lesen gibt es auch genug, und die Sonne lacht bereits 20 Stunden vom Himmel.

Der Unmut wird kurze Zeit so heftig, dass man fast von ersten Ansätzen einer Meuterei sprechen könnte. Doch der Terminrahmen ist beschlossene Sache, und an dem Beschluss wird nicht gerüttelt.

Am Morgen sieht schon alles ganz anders und vor allem viel freundlicher aus. Der Wetterbericht, immerhin der beste seit einem Monat für das Gebiet, lässt zwar keine stürmische Euphorie aufkommen, bekämpft aber den letzten Rest Pessimismus. Die *Langøysund* verlässt mit frisch gestrichenem Unterwasserschiff das Trockendock, es wird erneut gebunkert, die Frischwassertanks werden gefüllt und die Hunde verladen. Die laufen nun auf das Schiff, als seien sie an Deck geboren. Es ist ihr neues Zuhause geworden, und sie scheinen von Schlitten- zu Seehunden mutiert zu sein.

Den schweren Seegang im Starkwind lassen wir mit einem gewissen Defätismus über uns ergehen. Ändern können wir daran nichts. Wir haben es zunächst mit einer Wiederholung der ersten beiden Versuche zu tun, nur in der Gewissheit, dass die Hundekisten wie angeschweißt an Deck stehen. Sonst ist alles beim Alten: Der Zigarettenqualm liegt so dicht in der Messe wie die Zuckerwatte, die man auf dem Hamburger Dom kaufen kann, um den Stiel. Sigbjörn stöbert in uralten, abgegriffenen Autozeitschriften, während sich unten im Maschinenraum irgendeine Warnklingel die Seele aus dem Leib bimmelt, weil der Dieselfilter wieder zu verstopfen droht oder sie vor dem gefährlich hohen Wasserstand in der Bilge warnen möchte. Das ficht Sigbjörn so lange nicht an, wie die Klingel nicht heiß läuft. Versetzt der Kapitän die Maschine aber – wenn auch nur kurzzeitig – in eine kaum hörbar (für den normalen Schiffspassagier unter keinen Umständen feststellbar) höhere Umdrehungszahl, entwickelt Sigbjörn eine erstaunliche Energie, da er sich persönlich angegriffen, ja verletzt fühlt. In einer – im Verhältnis zu seinem sonstigen Tempo – blitzartigen Geschwindigkeit dringt er zur Brücke vor und fordert vom Steuermann Genugtuung. Fortan wird dieser mit Nichtbeachtung gestraft, meist so lange, bis der Wunsch nach einem Zuhörer die Strafe auf Bewährung aussetzt.

Von derart weltbewegenden Geschehnissen unterhalten, schlingern wir Richtung Norden. Der Halb- oder Vollschlaf beherrscht die Tages- und Nachtordnung, die wachen Stunden ziehen sich endlos hin vor Langeweile, da es zwar nicht unmöglich, aber doch sehr schwierig ist, sich auf den schwankenden Planken des Schiffs fortzubewegen. Der Magen entwickelt nur gedämpften Appetit und gibt sich mit durchaus wohl schmeckenden Hartkeksen (Marke Panzerplatte), einigen Fruchtschnitten und einem der Highlights aus Falks Verpflegungsfundus, dem herzhaften Trockenfleisch *Beef Djerkey*, zufrieden. Die Verpflegung für den kleinen Hunger zwischendurch wird zur Hauptnahrung auf der Achterbahn des aufgewühlten Eismeers. Schon nach wenigen Tagen werden die verschiedenen Riegel, Tabletten und Fleischstücke nicht einfach nur vertilgt, sondern ideenreich kombiniert und die Rezepte einem staunenden Publikum vorgestellt. Die ausgefallenste Schöpfung ist vielleicht »Viba Bananenschnitte garniert mit einem Viertel Vitamintablette«, die beliebteste »Beef Djerkey an Panzerplatte«. Rezepte, die an die Kreativität nobler Fresstempel heranreichen und mühelos neue Standards in der Haute Cuisine der *Langøysund* setzen.

VIERZEHNTER TAG

»Ice!«, brüllt Jussi durch das Schiff. Ich wache auf und merke, dass irgendetwas nicht stimmt. Akustisch ist alles wie immer, das monotone Motorengeräusch ist unverändert. Aber die *Langøysund* schlingert nicht mehr. Das Schiff liegt ruhig im Wasser, nur das leichte Vibrieren aus dem Maschinenraum ist zu spüren.

Draußen ist es hell. Von Osten her schieben sich zahllose Schollen in das offene Wasser. Ganz hinten am östlichen Horizont scheint sich eine geschlossene Eisdecke zu befinden, von der die dicken Schollen abgebrochen sind und in unserem Fahrwasser treiben. Der Steuermann ist mit der Fahrt heruntergegangen, um den besten Weg durch die Eisfelder zu suchen. Aus dem Funkgerät sind krächzende Töne zu vernehmen. Fangschiffe, die sich am oder hinter dem Horizont befinden, übermitteln uns ihren aktuellen Kenntnisstand über die Eisformationen. Hier hilft jeder dem anderen, denn nur aktuelle und präzise Informationen sind in den sich ständig in Bewegung befindenden Eisfeldern von wirklichem Nutzen. 50 Seemeilen westlich der Bäreninseln verlassen wir unseren Kurs, um mit einem riesigen westlichen Schlenker die dichtesten Eisfelder zu umfahren.

Die Luft draußen an Deck ist deutlich kälter, aber auch ruhiger geworden. Eine dünne Eisschicht hat das gesamte Schiff überzogen. Es ist glatt, aber da der Untergrund kaum schwankt, macht die leichte Vereisung keine Schwierigkeiten. Nach und nach lassen wir alle Hunde aus ihren Boxen. Auch ihnen gefallen diese Temperaturen und vor allem der ruhige Seegang. Begeistert nehmen sie die Möglichkeit wahr, nach über 30 Stunden ihre Blasen entleeren zu können, und trinken mit Behagen von unserem Gemisch aus Wasser und Hundefutter.

Jetzt sind wir viel an Deck und spähen nach offenem Wasser. Fasziniert betrachten wir die Komposition aus dunklem Meer, weißem und türkisfarbigem Eis und blauem bis grauem Himmel. Gegen Mitternacht wird es nur wenig dunkler, wir sind schon weit im Norden.

Obwohl bis zum Südkap Spitzbergens immer noch gut 20 Stunden vor uns liegen, macht sich bei uns das Gefühl tiefster Zufriedenheit breit. Haben wir es endlich geschafft? Haben wir endlich ein Fenster zwischen den Tiefdruckgebieten angetroffen? Es scheint, als würden wir nun für die Marter der ersten zwei Versuche belohnt. Der Wetterbericht sagt für die nächsten Stunden ruhige Windverhältnisse voraus. Wenn wir uns nicht im Eis festfahren, könnte unser dritter Versuch tatsächlich glücken.

Langsam ziehen wir durch die Eisfelder. Alle Informationen stehen hilfreich zu unserer Verfügung. Wir wissen, wo wir sind und wie lange wir noch in etwa bis zum Isfjord fahren müssen. Der Wetterbericht und die anderen Schiffe leiten uns bei unserem Zickzackkurs, der nichts mehr kostet als Zeit. Stunden um Stunden vergehen, bis endlich jemand ruft: »Land!« Alle hasten an Deck. Und wirklich: Ganz weit hinten im Dunst sind weiße Berge auszumachen! Wir freuen uns riesig. Der Anblick versetzt uns in Hochstimmung und macht uns rundum glücklich.

Unschwer kann ich nachvollziehen, wie der offizielle Entdecker des Archipels, der Holländer Willem Barents, 1596 auf den Namen kam: »... das Land ist sehr ... hoch, nichts anderes als spitze Berge, deswegen nannten wir es Spitzbergen.«

Ob Willem Barents allerdings wirklich der Entdecker Spitzbergens ist, wird wohl nie endgültig geklärt werden können. Möglicherweise haben die Wikinger die Inselgruppe als Erste erreicht, eindeutige Beweise dafür gibt es bis heute allerdings nicht.

Die Wikinger mit Erich dem Roten und Leif Eriksson an der Spitze befuhren schon sehr früh mit ihren Booten das Nordmeer. Gegen Ende des 10. Jahrhunderts gründeten sie zahlreiche Siedlungen auf Grönland und kamen bis nach Labrador und vermutlich auch Neufundland. Dieser ausgeprägte Forschungsdrang macht eine frühere Entdeckung Spitzbergens wahrscheinlich.

Dafür spricht auch das geografische Verständnis der Bewohner des Nordens, das von einer durchgehenden Landverbindung vom Weißen Meer in Nordwestrussland im Osten und Grönland im Westen ausging. Eine Landverbindung, die etwa der Ausdehnung der arktischen Eiskappe entspricht. Ohne diese Strecke zumindest in Teilabschnitten mit Segelschiffen erkundet zu haben, kann diese Vorstellung kaum entstanden sein. Dabei dürften auch Schiffe die Küsten Spitzbergens erreicht haben.

Die norwegische Bezeichnung für die Inselgruppe ist »Svalbard« (Kalte Kante/Küste). 1194 taucht sie zum ersten Mal in den isländischen Chroniken auf: »Svalbard entdeckt«. Erst im folgenden Jahrhundert findet sich in den Chroniken Genaueres: »Und von Langanes an der Nordseite Islands sind es vier Tage über das Meer bis Svalbard im Meeresbusen.« Die Bezeichnung Meeresbusen entspringt der damaligen Vorstellung von der Existenz einer festen Landverbindung zwischen Nordwestrussland und Grönland.

Doch beweisen diese beiden Quellen nicht die Entdeckung Spitzbergens. Theoretisch kann auch von der 550 Kilometer nördlich von Island gelegenen Insel Jan Mayen oder von Ostgrönland die Rede sein. Und so muss sich Norwegen mit dem Ruhm der Entdeckung Amerikas, der Nordwestpassage und des Südpols zufrieden geben und die Entdeckung Spitzbergens einem Niederländer überlassen.

Ähnlich unsicher gestaltet sich die Deutung neuerer Funde auf Spitzbergen. 1978 haben russische Archäologen Reste sehr alter Jägerhütten an der Westküste untersucht. Dabei erwies sich die Altersbestimmung der Rundhölzer als sensationell: Das älteste Holz wurde bereits 50 Jahre vor Willem Barents' Ankunft gefällt. Die Frage ist aber, wann das Bauholz von Russland nach Spitzbergen geschafft worden ist. Darüber geben die Jahresringe keine Auskunft. Wie groß ist die Wahrscheinlichkeit, dass die Pomoren, die Bewohner der Westküste Russlands, in ihren Booten vorgefertigte Hütten mit auf ihre Expeditionen genommen haben? Außer Frage steht, dass die Pomoren von ihren Wohnorten am Weißen Meer aus viele Fahrten in arktischen Gewässern unternahmen. Handel und Jagd waren ihre Antriebsfedern. Doch ein zwingender Beweis fehlt auch hier. So bleibt Barents bis zum Beweis des Gegenteils der Entdecker Spitzbergens. Unbestritten ist, dass erst durch die Berichte der Holländer vom Walreichtum der Gewässer ein wirtschaftliches Interesse an den Inseln geweckt wurde.

Endlich auf Spitzbergen

»Da tutet es draußen dreimal. Es ist die ›Lyngen‹, die uns ein letztes Mal zum Abschied grüßt. Dann setzt sie sich in Bewegung, und langsam verschwindet ihr letzter Schimmer im Nebel. Nun sind wir allein für ein Jahr.«

CHRISTIANE RITTER

FÜNFZEHNTER TAG

Von Westen nähern wir uns dem Isfjord. Hier treffen wir auf viele und dichte Felder aus Pfannkucheneis. Das sind fast kreisrunde Eisteller, die sich bei der Vereisung des Meeres zuerst bilden. Die *Langøysund* schiebt sich einfach hindurch. Umfahren werden müssen lediglich die von den Gletschern abgebrochenen Eisberge oder alte und dicke Eisschollen. Für eine Begegnung mit ihnen ist das Schiff nicht gebaut.

Je weiter wir uns dem Land nähern, desto blauer wird der Himmel und desto tiefer sinken die Temperaturen. Bei minus 15 Grad verharrt das Thermometer, als wir in den Isfjord gleiten. Die schneebedeckten Berge scheinen zum Greifen nahe, selbst wenn sie noch zehn Kilometer entfernt sind. Tiefe Täler durchschneiden die Landschaft. Ein leichter Dunst hüllt das Land ein, als solle das Geheimnis Spitzbergens noch nicht gelüftet werden. Majestätisch liegt das weiße Archipel in der Abendsonne – stolz, doch nicht abweisend. Es flößt Respekt, aber keine Angst ein und lässt uns neugierig und ehrfürchtig werden. Wir begreifen, dass das Land nicht zwangsläufig unbarmherzig sein muss, wir Menschen aber in seiner unendlichen Weite und Massivität weder irgendeine Rolle spielen noch in irgendeiner Weise auffallen werden. Hier ist die Frage, wer sich nach wem zu richten hat oder wer den Ton angibt, völlig ohne Belang. Mir kommt es vor, als wolle Spitzbergen uns sagen: »Ihr müsst allein zurechtkommen, ihr seid auf euch selbst angewiesen. Hilfe könnt ihr nicht erwarten. Und Fehler dürfen euch auch nicht passieren. Eine zweite Chance wird es kaum geben.«

Für die Fortbewegung mit dem Hundeschlitten scheint Spitzbergen wie geschaffen. Die Gletscher steigen vom Meer her flach an. Da werden die schweren Schlitten unseren Hunden keine großen Probleme bereiten. Auch sind die Täler weit, so dass wir in sicherem Abstand zu eventuell lawinengefährlichen Hängen fahren können. Doch wenn es stürmt, werden wir nur sehr schwer Schutz finden. Die mächtigen Berge sind völlig kahl. Einen schützenden Wald gibt es nicht. Nicht einmal ein kleiner Strauch lugt aus dem Schnee hervor.

Voller Spannung spähen wir in den Nordfjord. Wo liegt die Eiskante, und wie ist sie beschaffen? Ist sie so fest und sicher, dass wir mit dem Schiff anlegen und die Ladung löschen können? Der Wind der letzten Tage war ablandig; somit sollte unmittelbar vor der Eiskante nicht allzu viel loses oder halbfestes Eis umherschwimmen. Noch nicht einmal mit halber Fahrt tastet sich die *Langøysund* in nördliche Richtung vor. Weit vor uns ragt Kap Wærn in den Himmel. Hier müssen wir mit den Schlitten noch heute hingelangen, wenn wir an Land übernachten wollen. Bald entdecken wir Kap Wijk am östlichen Ufer. Hier wohnt Erik Solheim, der Trapper, der uns den letzten Wetterbericht und die Eisverhältnisse über Funk mitgeteilt hat. Er zweifelte an der Möglichkeit, eine gute Eiskante zu finden: »... aber wer weiß, wie es jetzt nach den nördlichen Winden dort aussieht.«

Endlich erreichen wir die Eiskante. Riesige Eisschollen sind zusammengefroren. Das kann erst vor kurzem geschehen sein, denn auf dem Eis hat sich noch kein Schnee angesammelt. Vorsichtig fährt der Steuermann gegen das Eis. Es hält. Doch ich bitte ihn, die

Kante noch einmal mit etwas größerer Wucht zu rammen. Er setzt zurück. Hart trifft die *Langøysund* die Kante und prallt zurück. Das Eis, so schwach es aussieht, hält allemal. Die Bedingungen sind ideal, denn der leichte Wind drückt das Schiff gegen das Eis. Schnell ist die Gangway ausgelegt, die Ladeluke geöffnet, und alle sind eifrig damit beschäftigt, die Ladung zu löschen. Gewaltige Berge aus Schlafsäcken, Zelten, Lebensmitteln, Kletterausrüstung, Hundefutter, Säcken mit Kleidung und anderen Ausrüstungsgegenständen stapeln sich auf dem Eis. Die Schlitten werden mit dem Bordgeschirr an Deck gehievt und über die Bordwand dem Expeditionsteam übergeben. Nun gilt es, die Ausrüstung möglichst entsprechend der Stärke des jeweils davor laufenden Gespanns auf die Schlitten zu verteilen, denn es nützt ja nichts, wenn ein Gespann schneller ist als eines, das eine zu große Last zu ziehen hat und daher sehr langsam wird.

Ganz unten und weit hinten im Schlitten verladen wir die Kisten und Säcke mit dem Hundefutter. Denn die sind schwer und kompakt. Weiter oben und vorn im Schlitten verstauen wir die eher leichten und voluminösen Gegenstände wie Kleidungssäcke, Schlafsäcke und Zelte. So liegt der Schwerpunkt der Schlitten sehr tief, und sie kippen nicht so schnell um, während sie sich aufgrund des im vorderen Teil geringen Gewichts leicht über jedes Hindernis hinwegschieben. Bald sind die Schlittensäcke so voll, dass wir sie kaum schließen können. Es erfordert einiges Umladen und Hin und Her, bis alles verstaut ist.

Dann ist die Reihe an den Hunden. Martin hat zum Glück den Überblick, in welchen Boxen sich die einzelnen Hunde befinden, und so wird Gespann für Gespann eingeschirrt und vorgespannt. Die Hunde haben natürlich gehört, worum es geht, und hechten aus den Boxen wie ein Springclown aus der Schachtel. Als der Anblick der Geschirre ihnen bestätigt, dass sie sich in dem Gehörten nicht getäuscht haben, werden sie regelrecht unbändig. Wie von Sinnen laufen sie zu den Schlitten, als liege hier das Paradies auf Erden. Aber es dauert eine Weile, bis der letzte Hund seinen Platz im Gespann gefunden hat, obwohl wir alle wie die Ameisen mit Hunden und Geschirren über das Eis flitzen.

In der Zwischenzeit reißen die Hunde außer Rand und Band an den Leinen. Sie können den Start nicht abwarten. Gegen 23.00 Uhr – die tief stehende Sonne taucht die Berge in ein warmes Licht – ist endlich auch das letzte Gespann fertig, und es kann losgehen. Zu zweit müssen wir meinen schweren Schlitten aufrichten, und schon rasen die Hunde los, als hätten sie ein Leben lang auf diesen Augenblick gewartet, als hätten Millionen von Jahren Evolution nichts anderes vorgehabt, als diese Sekunde herbeizuführen. Obwohl der Schlitten mit seinen 600 Kilogramm bleischwer auf dem Eis liegt und wir zu zweit auf den Kufen stehen, ergibt die Kombination aus der Kraft der Hunde und der extrem geringen Reibung auf dem blanken Eis eine Geschwindigkeit, die unbeherrschbar und somit viel zu hoch ist. Denn wir fahren ja nicht auf ebenem Eis. Die Schollen haben sich vor dem Zusammenfrieren leicht aufeinander geschoben. Absätze und kleine Spalten werfen die Schlitten wie im Rodeo in alle möglichen Richtungen. Hier muss man sich festhalten, das Körpergewicht, so gut es geht, in die richtige Richtung verlagern, um zu verhindern, dass der Schlitten umkippt, und man muss aus Leibeskräften auf der Bremse zu stehen, die allerdings auf dem Eis so gut wie keine Wirkung erzielt.

Das alles ließe sich ja gut ertragen, da das Ende absehbar ist. In ein paar Kilometern Entfernung liegt älteres Eis, das mit Schnee bedeckt ist. Dort ist es erheblich ebener, so dass die Schlitten ruhiger laufen werden, und die Bremse findet Halt im Schnee. Das Problem liegt woanders, und zwar bei den Leithunden. Meine drei besten Leithunde stehen dort, wo sie jetzt überhaupt nicht hingehören, und zwar bei mir zu Hause auf der Huskyfarm. Alle drei haben selbst nach zweimaligem Impfen zu wenig Antikörper gegen Tollwut gebildet und daher kein grünes Licht für die Expedition bekommen.

Jetzt laufen Panda und Toivo vor dem Schlitten. Das ist zwar nichts Neues für sie, und während des Trainings sind sie so gut lenkbar, dass man auf jeden Fall an das gewünschte Ziel kommt. Während der Tourensaison laufen sie aber – zumindest, solange ihnen kein Rentiergeruch in die Nase steigt – treu und brav dem vorausfahrenden Schlitten hinterher. Und der fehlt ihnen nun. Etwas orientierungslos hetzen sie über das Eis, in der festen Überzeugung, dass meine Rufe, weiter nach rechts zu laufen, keinesfalls ihnen gelten können. Sie finden die Richtung, aus der wir kommen, und das drohend herüberschimmernde Wasser interessanter: »Standen dort an der Eiskante vorhin nicht die randvollen Futterkisten? Lasst uns mal nachsehen!«

Wir geben uns alle Mühe, den Schlitten zu verlangsamen. Martin steht mit beiden Füßen auf der Bremse und versucht den Schlitten anzuheben, um einen Teil des Schlittengewichts über seinen Körper auf die Bremse zu verlagern. Ich springe vom Schlitten und locke die Hunde nach rechts in Richtung Ufer und Kap Wærn. Das finden sie merkwürdig, weil sie die Hundefutterkisten ja in einer anderen Richtung vermuten. Schließlich reißt Panda seinen Nachbarn Toivo in meine Richtung, denn: »Kann ja sein, dass dort noch mehr Futterkisten stehen.«

Dann springe ich wieder auf den an mir vorbeischliddernden Schlitten und freue mich ob der eingeschlagenen Richtung. Meine Freude währt nur kurz, denn augenscheinlich hat sich zwischen den Leithunden eine Diskussion über die richtige Richtung entfacht, bei der Toivo die besseren Begründungen findet: »An der Eiskante haben wir die Kisten ja gesehen, und in der anderen Richtung sehe ich nichts, was Futterkisten auch nur im Entferntesten ähnelt.« Diesmal springt Martin ab, in der Hoffnung, er habe die passenderen Argumente. Doch auch seine Überzeugungsarbeit kommt nicht gegen den Linksdrall an. So tauschen wir die beiden Leithunde untereinander aus, mit dem Ergebnis, dass die ganze Geschichte nun einen heftigen Rechtsdrall erhält.

Doch auch ein Zickzackkurs führt letztlich vorwärts, selbst wenn sich unsere Stimmen immer heiserer zu den Ohren der Leithunde durchzukämpfen versuchen. Endlich bekommen wir Schnee, der schnell dicker und fester wird, zwischen Kufen und Eis. Bald reicht er, um den Anker sicher zu halten, und wir beschließen, eine Pause einzulegen, obwohl die Hunde unserer Argumentation für ein Anhalten keineswegs folgen wollen. Doch wir müssen uns vergewissern, ob alle vier Schlitten das Gepolter über das Eis schadlos überstanden haben. Jussi, der den letzten Schlitten steuert, macht uns darauf aufmerksam, dass er das mit Abstand schnellste Gespann fährt. Als Schlittengewicht bekommt er Björn Terje dazu, der heute kein eigenes Gespann steuert. Zusammen mit Falk hat er auf den Kufen des zweiten Gespanns gestanden, das deutlich am langsamsten über den Schnee gleitet.

Wir lösen den Anker, damit die Hunde zu ihrem Recht kommen. Doch schlagen sie wieder die falsche Richtung ein, und das äußerst zielstrebig und in einem für das wuchtige Schlittengewicht viel zu hohen Tempo: Ein Robbenbaby liegt an einem Eisloch und schaut mit seinen schwarzen Augen auf die 28 hungrigen Bestien, wie auf einen Lottogewinn. Fluchtreflex gleich null. Als ich mich mit dem Fotoapparat nähere, sieht der Heuler treuherzig in die Kamera. Er ist zu jung und zu unselbständig, um zu flüchten.

Die Hunde haben schon eine Spitzbergen-macht-Spaß-Miene aufgesetzt, aber ich muss sie enttäuschen. Die Leithunde an der Verbindungsleine packend, ziehe ich das gesamte Gespann aus der Richtung des Heulers. Verständnislos sehen sie mich an, können nicht fassen, dass ich den Sonntagsbraten dort mutterseelenallein auf dem Eis zurücklassen will. Widerwillig und sich immer wieder umschauend, traben sie deutlich ernüchtert in die vorgeschriebene Richtung. Die Belohnung erhalten sie ein paar Kilometer später, als die Leithunde über die Reste einer Eisbärenmahlzeit in Form von Überbleibseln eines Heulers stolpern. Nun verstehe ich, warum die Eisbären im April und Mai weniger aggressiv sind: Durch die Robbenjungen steht ihnen ausreichend Nahrung zur Verfügung, selbst für den kleinen Hunger zwischendurch.

Die Sonne hat ihren Tiefpunkt schon überschritten, als wir zwei Stunden später, gegen 1.00 Uhr, am Ufer des Fjords unser Lager aufschlagen. Oft schaue ich mich in dem weiten Gelände um. Könnte ich in diesem Licht einen Eisbären schon auf drei Kilometern ausmachen, oder kann er sich unbemerkt von der Landseite an uns heranschleichen? Und wann würden die Hunde ihn bemerken und uns durch Bellen vor ihm warnen? Würden die vielen Hunde den Bären von uns ablenken, oder lassen ihn die Vierbeiner kalt? Doch außer ein paar Rentierspuren kann ich im Schnee um den Lagerplatz herum nichts erkennen. Schnell verfliegt die Unsicherheit.

Rundum zufrieden und müde krieche ich in den Schlafsack. Jetzt erst finde ich die Ruhe, mir über den lang ersehnten und dann so erfolgreichen Start der Expedition klar zu werden. Ja, wir haben es endlich geschafft, Spitzbergen zu erreichen – nach knapp zwei Wochen statt wie geplant nach drei Tagen! Hatte ich nach den zwei misslungenen Versuchen wirklich noch daran geglaubt, in diesem Jahr meinen Fuß auf das Eiland zu setzen, oder war der Glaube zu einer vagen Hoffnung zusammengeschrumpft? Fast unwirklich kommt mir vor, dass unter meiner Isomatte der Schnee von Spitzbergen liegt – der Traum war bereits in eine sehr weite Ferne gerückt.

Doch kaum hatten wir das offene Eismeer passiert, lief alles viel besser und einfacher, als die fehlgeschlagenen Versuche erwarten ließen. Die feste Eiskante lag in einer gut erreichbaren und für uns sehr vorteilhaften Position. Was wäre geschehen, wenn die Kante durch riesige Treibeisfelder für uns versperrt gewesen wäre oder ein starker, ablandiger Wind ein Anlegen verhindert hätte? Was wäre geschehen, wenn wir nach ein paar Kilometern auf dem festen Eis auf lose Treibeisfelder oder gar offenes Wasser gestoßen wären? Alles dies habe ich eigentlich für wahrscheinlicher gehalten, als dass ich jetzt auf sicherem Festland bequem in meinem warmen Schlafsack liege. Und auch die Hunde haben bestimmt nicht mehr daran geglaubt, dass sie in diesem Winter noch einmal im Schnee toben können. Ja, jetzt geht der Spaß erst richtig los. Auf uns warten spannende Wochen und Kilometer. Nun wird sich zeigen, wie gut wir uns vorbereitet haben. Ab jetzt kommt es auf uns und unsere eigenen Kräfte an, aber auch auf die Stärke der Hunde, auf ihren Willen und Spaß an der Arbeit, die mörderischen Schlittengewichte über das Fjordeis, die Pässe und Gletscher zu ziehen.

Erst jetzt, da die Schiffspassage hinter uns liegt, wird mir klar, dass ich mir während der Vorbereitungsphase ein völlig falsches Bild vom Verlauf der Expedition gemacht habe. Mit allen erdenklichen Schwierigkeiten habe ich mich befasst und versucht, uns auf alle möglichen Probleme, die sich auf Spitzbergen stellen könnten, optimal vorzubereiten. Jeder von uns hat dazu etwas beigetragen. Was tun wir, wenn wir die Schiffsladung schon viele Kilometer vor Spitzbergen auf dem Eis löschen müssen? Welche Gletscher können uns als Weg dienen? Welche Route ist die beste? Wie bereiten wir uns auf die Gletscherbergung vor? Wie gegen Eisbären? Mit welchem Treibstoff sollen die Kocher arbeiten? Wie können wir die Brandgefahr im Zelt verringern? Sollen wir nur wenige und große Gespanne zusammenstellen oder besser viele und kleinere? Eine Menge Fragen, die dazu dienen sollten, dass wir möglichst jeder Situation gewachsen sind. Ich habe aber nicht einen einzigen Gedanken darauf verschwendet, dass es uns verwehrt sein könnte, Spitzbergen überhaupt zu erreichen. Das lag außerhalb meiner Vorstellungskraft. Ich habe das Schiff samt Besatzung gechartert und fertig. »Das wird bezahlt, dann sind wir da, und dann kann es losgehen.« Dass unsere Expedition schon auf dem Schiff beginnt, ist mir nicht bewusst gewesen. Vielleicht hat mich das zweimalige Umkehren auf See deswegen so getroffen, und vielleicht habe ich die Frage, ob wir einen dritten Versuch wagen sollten, deswegen nicht wirklich an mich herankommen lassen.

Für die anderen Teilnehmer stellte sich dieses Problem so nicht. Für sie hätte der Verzicht auf einen dritten Versuch lediglich den Abbruch der Expedition bedeutet. Für mich wäre es gewesen, als hätte ich die Expedition absagen müssen, bevor sie überhaupt gestartet war.

Ich erinnere mich an die Diskussion bei Falk in Deutschland, als wir alle zusammengesessen und die verschiedenen Alternativen für die Anreiseroute besprochen haben. Jeder – mit Ausnahme von mir – war felsenfest davon überzeugt, dass nur ein Schiff und nichts anderes für den Transport nach Spitzbergen in Frage komme. Nicht nur auf Spitzbergen sollte die Expedition mit traditionellen Mitteln durchgeführt werden, sondern bereits bei der Anreise. Unser Vorhaben wurde ab meiner Huskyfarm ganzheitlich gesehen. Dafür bin ich nun regelrecht dankbar. Denn nur durch die Schiffspassage – so entsetzlich sie auch war – wurde mir bewusst, wie unzugänglich die Insel hoch im Norden liegt und wie die Natur sich hier oben gebärden kann. Ohne die Schiffspassage würde ein wichtiges Teil im Puzzle des Naturerlebnisses fehlen. Ein Flugzeug hätte uns davon viel genommen.

Und nicht zuletzt kam auch Christiane Ritter per Schiff nach Spitzbergen. Sollen ihr Leben und ihre Erkenntnisse für uns nachvollziehbar werden, müssen wir den gleichen Weg wählen.

Jetzt stehen wir vor der Frage, ob wir unsere ursprünglich geplante Route einhalten können, da wir durch die beiden vergeblichen Versuche, nach Spitzbergen zu gelangen, elf Tage verloren haben. Die Hütte von Christiane Ritter bei Gråhuken können wir nur erreichen, wenn wir problemlos über das Gletschergebiet Holtedahlfonna kommen. Eine zweite Unsicherheit besteht darin, dass wir nicht wissen, wie weit der Woodfjord zum Fjordausgang hin zugefroren ist. Auf aktuellen Satellitenaufnahmen haben wir gesehen, dass das Meer bei Gråhuken offen ist, wir zumindest dort nicht mit passierbarem Eis rechnen können. Wo wir nun im Woodfjord vom Eis auf Land überwechseln müssen, ist für uns nicht absehbar. Von dieser Frage hängt aber viel ab. Denn die Strandkante ist nicht überall so breit, dass wir sie als Weg nutzen können. Auf ungefähr der Hälfte des Wegs werden wir eine Steilküste vorfinden, die für uns ein unüberwindbares Hindernis darstellen würde, sollten wir dort bereits auf offenes Wasser treffen. Wir müssten dann lange, schwierige und vor allem Zeit raubende Umwege durch das Innere Andréelands in Kauf nehmen. Wird dazu die Zeit reichen? Sollten wir dann nicht lieber südlich der Prismeberge ein Lager errichten, von dort aus mit nur zwei Teilnehmern und zwei der besten Gespanne zur Hütte bei Gråhuken vordringen und anschließend zum Ausgangspunkt zurückkehren?

Genauso viele Fragen stellen sich, wenn wir alle Gråhuken erreichen und die Expedition bis dorthin so durchführen können wie geplant. Wie geht es dann zurück und zur Hauptsiedlung Longyearbyen? Wie weit reicht das offene Wasser in den Wijdefjord hinein? Laufen wir dort nicht Gefahr, an der Strandkante entlang in eine Sackgasse zu fahren, an deren Ende uns dann einer der vielen Steilhänge des Kronprins-Harald-Fjells oder des Seidfjells den Weg versperrt? Fragen über Fragen, die mich noch lange nicht einschlafen lassen. Antworten erhalten wir nicht durch Nachdenken, sondern durch die Erfahrungen, die wir in den nächsten Tagen und Wochen machen werden. Erst dann werden wir wissen, welches Tagespensum wir schaffen können und wie wir vorwärts kommen. Die jetzigen Gedankenspiele zeigen lediglich eine Vielzahl von Alternativen auf. Grundlage für Entscheidungen können sie nicht sein. Wir müssen Richtung Gråhuken fahren und dann flexibel auf die jeweiligen Gegebenheiten reagieren. Andere Vorschläge sind eine Hypothek auf Voraussetzungen, von deren Existenz wir nichts wissen.

Auf nach Norden

»In überirdischer Klarheit liegt alles da in heiliger Stille.
Zwei Möwen fliegen niedrig und lautlos dicht an der Hütte
vorbei fjordeinwärts. Sie sind von den rötlichen Strahlen
der Nachtsonne beleuchtet. Ihre herrlichen weiten Schwingen
leuchten wie tiefes Rosa im türkisfarbenen Himmel.
Wieder zurückgekehrt in meine Koje, finde ich keinen Schlaf
mehr. Mir ist, als hätte ich einen Blick ins Jenseits getan.«

CHRISTIANE RITTER

SECHZEHNTER TAG

Es ist still am Morgen, nur ein leises Klirren der Hundeketten ist zu hören, wenn sich ein Hund im Halbschlaf umdreht. Hin und wieder kreischt eine Möwe über uns, eine Reminiszenz an den offenen Fjord, über den wir gekommen sind. Sonst ist kein Laut zu vernehmen.

Bald rührt sich Jussi in seinem Schlafsack. Kurze Zeit später ertönt das Geräusch eines Reißverschlusses, leises Klirren der Spiritusflasche, ein Streichholz ratscht an der Reibefläche der Schachtel. Jussi liegt direkt am Kocher, wärmt den Brenner vor. Ein paar Minuten später pumpt er Luft in den Petroleumbehälter, entfacht ein zweites Streichholz, öffnet den Drehverschluss des Brenners und entzündet das nun gasförmige Petroleum. Ein summendes Rauschen des Kochers berichtet vom geglückten Start. Der Wasserkessel wird über den Brenner gestellt, sogleich ist ein unregelmäßiges Knacken schmelzenden Eises im Kessel zu hören. Jussi kriecht zurück in seinen Schlafsack. Kurz bevor das Wasser im Kessel zu brodeln beginnt, öffnet er die Tüte mit dem gefriergetrockneten Kaffee, und wenig später zieht den Halbschläfern Kaf-

57

feeduft in die Nase. Überall surren Reißverschlüsse. Dankbar greifen wir zum ersten Becher Kaffee. Streckgeräusche, Gähnen und schnell auch erste Wortfetzen erfüllen das Zelt.

Jussi: »Falk, du hast unglaublich geschnarcht!«

Falk: »Das kann nicht sein, ich schnarche nie. Du hast überhaupt keinen Ton von dir gegeben. Da hättest du auch tot sein können. Das ist viel schlimmer.«

Falk hat vier verschiedene Müslisorten gekauft. Satte 300 Gramm stehen jedem täglich zur Verfügung. Das Müsli wird mit energiereichem Peronin-Pulver und mit ein wenig Milchpulver und Wasser zu einem Brei vermischt, der – um es vorsichtig auszudrücken – nicht gerade ein kulinarisches High-light zu werden verspricht, aber alle Nährstoffe enthält, die unser Körper unterwegs benötigt. Außerdem ist die Zubereitung im Winter und im Zelt unproblematisch und verlangt wenig Energie. Dies sind zwar schlagende Argumente, aber sie vermögen nicht, alle Gesichter beim Frühstück aufzuhellen.

Björn Terje: »Und was gibt es morgen zum Frühstück?« Lustloses Stochern in den Flocken, und dann: »Komisch, bei uns fressen so etwas nur die Hühner!«

Allgemeines Schmunzeln. Die tiefe Befriedigung über den endlich geglückten Anfang der Schlittenexpedition versetzt uns in eine ausgelassene Laune.

Gleißendes Sonnenlicht und absolute Windstille vereinigen sich zu prachtvollem Wetter. Heute werden wir erproben, ob sich die Art und Weise der Fortbewegung bewährt, für die wir uns entschieden haben. Von unserem sechsköpfigen Expeditionsteam sollen jeweils vier die Hundegespanne lenken und zwei als Pfadfinder auf Skiern vorausfahren.

Die Skiläufer starten sofort nach dem Frühstück, um den besten Weg für die Schlitten zu erkunden. Die Schlittenfahrer räumen das

Zelt aus, bauen es ab, packen die Schlitten, schirren die Hunde an und folgen den Skispuren. Da die Hundegespanne schneller sind als die Skiläufer, sollten Erstere die Letzteren ungefähr nach der Hälfte des Wegs eingeholt haben. Bei der Mittagspause können die Skiläufer ausgewechselt werden. Sind die Schneeverhältnisse gut und kommen die Schlitten zügig voran, können sich die Skiläufer hinter die Schlitten hängen oder sich sogar mit auf die Schlitten stellen. Dieses System bietet viele Vorteile. Bei spaltenreichen Gletschern oder anderen schwierigen Passagen finden die weitaus flexibleren Skiläufer leichter einen geeigneten Durchgang als ein ganzes Gespann. Ein Hundeschlittengespann hat viel größere Schwierigkeiten, auf der Stelle kehrtzumachen, als ein Skiläufer, wenn sich eine Richtung als Sackgasse entpuppt. Es kann sich auch als wichtig erweisen, dass mindestens ein Teilnehmer keine Verantwortung für Schlitten und Gespann hat und immer in der Lage ist, unabhängig von den Hunden zu handeln. Zum Beispiel, wenn ein Bär angreift. Wittern oder sehen die Hunde einen Eisbären, werden die Gespanne aufgrund des Jagdinstinkts alle Kräfte darauf richten, den Bären zu verfolgen. Genau das muss mit allen Mitteln verhindert werden. Die Schlittenfahrer hätten in einer solchen Situation wahrscheinlich genug damit zu tun, die Schlitten samt Gespannen zu bremsen und sicher zu verankern. Dem Skiläufer fiele dann die Aufgabe zu, die Eisbärenattacke abzuwehren. Zudem kann jemand ohne Schlitten überall dort eingreifen, wo Unterstützung gebraucht wird: in schwierigem Gebiet helfen, etwa an einem Steilhang, an dem ein Schlitten abrutscht, oder wenn ein Schlitten um Geröllfelder oder Eisverwerfungen gelenkt werden muss.

Björn Terje und Martin schnallen sich als Erste die Ski unter. In einem kleinen Rucksack führen sie das Notwendigste mit: winddichte Kleidung, Daunenjacke, Thermoskanne, ein paar Snacks, Kompass, Karte, ein VHF-Funkgerät, einen Schreckschussapparat und ein Gewehr für alle Fälle. Schnell verschwinden sie in Richtung Norden.

Erst eine Stunde später sind die Gespanne klar zum Start. Viel verspreche ich mir von den Skispuren, die sich wie Fäden über das schneebedeckte Eis des Fjords schlängeln. Sie sollen den Leithunden als Richtschnur dienen, sie automatisch in die richtige Richtung lenken und somit meine Stimmbänder schonen. Meine Hoffnung zerplatzt bereits 50 Zentimeter nach dem Start. Alles finden Toivo und Panda interessant, nur nicht diese schönen Skispuren. Also muss ich den bleiernen Schlitten umlegen, die beiden Leithunde in die richtige Himmelsrichtung und genau auf die frischen Skispuren von Björn Terje und Martin ziehen. Das muss in kürzester Zeit erfolgen, denn die hinter mir gestarteten Gespanne setzen alles daran, mir in Höchstgeschwindigkeit zu folgen. In der dünnen Schneeschicht auf dem Fjordeis gelingt es keinem, das Gespann allein mit der Bremse zum Stehen zu bringen. Das ist den Hunden gerade in der Startphase nur allzu recht, denn sie geben alles, um nur nicht länger im Aggregatzustand der relativen Ruhe zu verharren.

Eigentlich gibt es in unserer unmittelbaren Nähe nichts Interessantes, lediglich weißen, geruchlosen Schnee. Das Einzige, was ins Auge sticht und was nach irgendetwas riechen sollte, sind die Skispuren. Doch die beiden Leithunde tun so, als sei ihnen ihr Instinkt vollständig abhanden gekommen. Für sie scheint nur eine Welt ohne Skispuren zu existieren.

Chaos bricht aus, Gespanne überholen sich, Musher fluchen, Hunde bellen, und kein Gespann läuft in die richtige Richtung. Es vergehen nervenaufreibende Minuten, bis Toivo und Panda die von mir vorgeschriebene Richtung einschlagen. Dabei sieht Toivo zu mir hoch, als verstehe er überhaupt nicht, was ich von ihm will. Panda gibt sich eher scheu und zurückhaltend, begreift aber, worum es geht. Nur hat er nicht das Rückrat, sich gegen Toivo durchzusetzen. Panda ist in den letzten Jahren immer direkt hinter meinen beiden Leithunden her gelaufen und beherrscht die Befehle aus dem Effeff. Für deren Ausführung war er bislang nicht verantwortlich. Das haben Grimm und Olga übernommen, die ich nun schwer vermisse. Panda ist es nicht gewohnt, ganz vorn den Trupp anzuführen, er zieht am besten, wenn jemand neben ihm läuft. Während Panda also die Richtung vorgeben soll, ist Toivo für das Tempo und die Motivation von Panda zuständig. Und die Motivation ist, genau wie beim Menschen, das A und O. Aktiv werden die Hunde nur, wenn sie motiviert sind. Mit Zügeln oder Sporen, wie bei Pferden, oder anderen Mitteln sind Hunde nicht zu erhöhter Leistung zu bewegen. Leithund und Musher – Schlittenlenker – sind nicht durch ein Seil oder eine Stange miteinander verbunden, einzig durch die Stimme des Mushers erfährt der Leithund, was er tun soll. Auf Zwang ist Leistungsverweigerung die umgehende Antwort. Ermahnung und selbst Bestrafung akzeptiert der Hund, solange seine Motivation nicht unter ständigem Nörgeln des Mushers leidet und er bereits erlernt hat, um was es seinem Chef geht.

Erfolgreich kann die Zusammenarbeit zwischen Schlittenhund und Mensch nur verlaufen, wenn sie sich aus Freude an der Arbeit, Vertrauen und einer positiven Grundstimmung zusammensetzt. Dabei muss der Musher die Fähigkeit haben, die wenigen Gedankengänge, mentalen Möglichkeiten, Auffassungsgabe und Leistungsfähigkeit des Hundes zu erkennen. Erst wenn der Hund richtig verstanden wird, ist die Zusammenarbeit von dauerhaftem Erfolg gekrönt.

Langsam begreift Panda, was ich von ihm will und dass er am besten fährt, wenn er sich gegen seinen Bruder Toivo zumindest ab und zu durchsetzt. So kreuzen wir entlang der Skispuren wie ein Segelschiff gegen den Wind.

Am anderen Ufer des Fjords erspähen wir weit verstreute kleine, schwarze Punkte. Es sind Robben, die sich an ihren Atemlöchern in der wärmenden Sonne aalen. Näher als einen Kilometer kommen wir nicht an sie heran. In der weißen Landschaft werden wir schon früh erkannt. Dann hebt der Seehund nur kurz den Kopf, wittert Gefahr und entschwindet schleunigst durch das Eisloch ins Wasser.

Die Landschaft ist gewaltig, genauso, wie ich mir den Archipel vorgestellt habe: In östlicher Richtung begrenzen die mächtigen Tafelberge des Kapitols und des Tolmodyggens den Fjord, von Westen schimmert der Gletscher Sefströmbreen im Dunst herüber. Vor uns öffnet sich das Tal, in das der Gletscher Orsabreen mündet. Dieser Gletscher soll uns in den nächsten Tagen auf das riesige Gletscherplateau von Holtedahlfonna führen.

Erst kurz bevor wir Land erreichen, holen wir die Skiläufer ein. Schon lange haben sich die zwei schwarzen Punkte vor uns über das Fjordeis bewegt. Aber die Landschaft ist sehr weit und die Sicht gut. Daher verschätzt man sich schnell in den Entfernungen, und wir benötigen noch eine gute Stunde, bis wir bei ihnen sind. Björn Terje denkt nicht daran, die Ski abzulegen. Er möchte weiterlaufen. Da mein Gespann recht schnell ist, fahren Martin und ich gemeinsam auf dem ersten Schlitten weiter. Jeder von uns bekommt eine Kufe, darauf steht er mit einem Bein. Das andere Bein setzt er zum Rollern ein. Diese Bewegung hilft den Hunden spürbar, während sie uns kaum anstrengt. Von Zeit zu Zeit müssen wir die Seiten wechseln, um die Belastung gleichmäßig zu verteilen. Nicht lange nachdem wir das Fjordeis verlassen haben, kommen wir in das Gebiet der Endmoränen. Hoch aufgetürmte Geröllhalden liegen kreuz und quer in alle Himmelsrichtungen verstreut. Unüberschaubar ziehen sich die Endmoränen Kilometer um Kilometer am Fuße der Gletscher hin. Viele Gletscher haben sich in den letzten Jahrzehnten zurückgezogen, andere schoben sich weiter vor. Wir bewegen uns

entlang der Geröllhalden, wie es aussieht, im Bett des Gletscher-
baches. Ob er es wirklich ist, können wir nicht feststellen. Wo der
Gletscher Orsabreen beginnt und wo er aufhört, ist genauso schwer
auszuloten. An freigewehten Stellen finden wir wiederholt Eis und
große Gesteinsbrocken oder Geröll nebeneinander. Dann stehen wir
vor einer Wand aus meterdickem Eis, die bergauf in einer Geröllhalde ausläuft. Unter dem Geröll müssen sich also noch immense
Eisschichten befinden, die nur hin und wieder zutage treten. Kein
Wunder, denn aufgrund des Permafrostbodens kann das Eis nur von
oben abschmelzen. Wie mag es hier wohl im Sommer aussehen?

Erst als wir den langsam aufsteigenden Orsabreen direkt vor uns
liegen sehen und das Geröll deutlich abnimmt, schlagen wir das Lager auf. Direkt neben dem Zelt baut Björn Terje die Funkanlage auf,
die uns mit Peter Bickel und unserer Internetseite verbinden soll.
Es handelt sich um einen Duplex-Kurzwellensender, mit dem wir
Radio Svalbard bei Longyearbyen erreichen wollen. Von dort aus
sollen wir direkt ins Telefonnetz geschaltet werden. Björn Terje verbindet einige Skistöcke zu einem Mast, von dem aus zwei Drähte als
Antenne rund 15 Meter in einem rechten Winkel in Richtung Longyearbyen verlaufen. Bald ist Björn Terjes Frage zu hören: »Svalbard
Radio, Svalbard Radio, hører du meg? Svalbard Radio, Svalbard Ra-
dio, hører du meg? Her er Hotel, Alpha, Lima, Tango ... Svalbard
Radio, Svalbard Radio, hører du meg?« Keine Antwort, nur gleich-
mäßiges Rauschen und Pfeifen im Äther. Björn Terje wählt eine
andere Frequenz, was eine umständliche Veränderung der Anten-
nenlänge erfordert. »Svalbard Radio, Svalbard Radio, hører du meg?
Svalbard Radio, Svalbard Radio, hører du meg? Her er Hotel, Alpha,
Lima, Tango ... Svalbard Radio, Svalbard Radio, hører du meg?«
Wieder keine Antwort. Erneut werden Frequenz und Antenne verändert, doch auch jetzt herrscht Schweigen. »Vielleicht funktioniert
es drüben auf der Anhöhe besser. Die Lage ist auf jeden Fall günsti-

ger. Versuchen wir es dort!« Wir schleppen die Anlage auf die Anhöhe, installieren die Antenne neu, und auf geht's: »Svalbard Radio,
Svalbard Radio, hører du meg? Her er Hotel, Alpha, Lima, Tango ...
Svalbard Radio, Svalbard Radio, hører du meg?« Nichts. Auch auf
den anderen Frequenzen bekommen wir keine Antwort. Björn Terje
ist verzweifelt: »Er det i det hele tatt noen, som kan høre oss?« (Gibt
es überhaupt jemanden, der uns hört?) Offensichtlich niemanden.
Die wildesten Vermutungen werden angestellt, der Apparat wird
gründlich durchgecheckt, die Batterie geprüft, doch nichts tut sich.
»Vielleicht stört die Sonne! Wir sollten es später, wenn die Sonne
hinter den Bergen verschwunden ist, noch einmal probieren«,
schlägt er vor.

Enttäuscht kehren wir ins Lager zurück, die Anlage lassen wir auf
der Anhöhe stehen. Keine 100 Meter sind wir vom Zelt entfernt, als
ich Björn Terje neben mir fallen sehe. Doch er fällt nicht einfach
hin – er hängt in einer Spalte im Gletschereis. Instinktiv hat er das
Gewehr quer vor sich gehalten und sich so vor einem tieferen Fall
bewahrt. Das Ereignis ist ein Schock für mich. Er ging keine 30 Zentimeter neben mir, und keiner von uns hat auf die kaum erkennbare
Vertiefung im Schnee geachtet. Das hätte ins Auge gehen können!
Schnell helfe ich ihm aus der unangenehmen Lage. Wir schauen uns
verblüfft an. Zum ersten Mal wird uns vorgeführt, wo wir uns befinden und wie gefährlich Gletscher sein können. Wir müssen uns
stärker bemühen, die Gletscher richtig zu lesen. Ein Gletscher
fließt im Grunde genau wie Wasser. Überall, wo in einem Fluss
Schnellen oder Strudel sind, reißt bei einem Gletscher das Eis auf,
oder es wird gestaucht. An allen Kanten, über die das Eis fließt,
befinden sich Spalten. Auch bei Absätzen oder Felsen mitten im
Gletscher ist höchste Vorsicht geboten. Biegt beispielsweise der
gesamte Gletscher bei einer Felsnase ab, sind insbesondere im
Außenbereich der Kurve Risse entstanden, denn hier fließt das Eis

Ben schaut verwundert über die Reling auf das Treiben
im Hafen von Tromsø.

Im stürmischen Nordatlantikwetter droht das Schiff zu vereisen. Wenn man das Eis nicht abschlägt, wird das Schiff kopflastig und könnte kentern.

Pfannkucheneis-Felder im Isfjord

An einer festen Eiskante im Ekmannsfjord machen wir das Schiff fest und löschen die Ladung.

Björn Terje und Falk teilen sich auf den ersten Kilometern einen Schlitten.

Durch tiefen Schnee kämpfen wir uns den Gletscher Orsabreen hinauf.
Je höher wir kommen, desto mehr lichten sich die Wolken.

Riesige Bärenspuren kreuzen den Woodfjord und verlieren sich in der Weite
der Landschaft. Wann werden wir den weißen Riesen zum ersten Mal sehen?

So hoch im Norden, nur noch 11 Breitengrade von Nordpol entfernt, steht die Sonne ab April 24 Stunden lang am Himmel.

Geschafft: Wir haben Gråhuken erreicht! Daran wollten wir manchmal nicht mehr so recht glauben.

Christiane Ritters Hütte von innen. Hat sie aus diesen Tassen getrunken?

Die von Christiane Ritter beschriebene Bärenluke, eine verschließbare
Schießscharte, die bei Angriffen von Eisbären benutzt wird.

Immer wieder musste Christiane Ritter den Eingang der bis zum Dach zugewehten Hütte freischaufeln.

Herman Ritter vor erbeuteten Polarfüchsen. Sie bildeten die Haupteinkünfte der Trapper auf Spitzbergen.

Christiane und Herman Ritter vor ihrer Hütte in Gråhuken 1934

Christiane Ritter im Alter von 92 Jahren in Wien

schneller als im Innenbereich, wo es eher gestaucht wird. Können wir solche Gebiete nicht meiden, müssen wir uns mit Seilen gesichert vorwärts tasten. Klettergurte und Seile hat unser Bergsteiger Chris auf dem Schlitten – wir sind auf alles vorbereitet, nur müssen wir die Ausrüstung auch benutzen!

Die Funkverbindung mit unserem Kurzwellensender klappt an diesem Tag nicht. Auch an den folgenden Tagen ist die Verbindung zumindest sehr schwierig. Später erfahren wir, dass die Schwierigkeiten nichts mit unserer Ausrüstung zu tun haben. Sie treten vielmehr ortsabhängig auf, und hier hoch im Norden können auch erhöhte Sonnenwinde die Verbindung nachhaltig stören. Unsere VHF-Geräte, die die Verbindung zwischen den Skifahrern und den Hundeschlittenlenkern herstellen sollen, versagen gänzlich. Hier möchte ich ein Hardwareproblem nicht ausschließen, obwohl es sich um recht gute Geräte handelt. Wie lächerlich sie aber sind, wird spätestens deutlich, als Chris mich durch einfaches Zurufen besser versteht als durch die Geräte. Optimal funktionierten sie erst bei unmittelbarem körperlichen Kontakt beider Antennen.

Einzig das satellitengestützte Telefonsystem Iridium arbeitet vernünftig – wenn auch nicht völlig unproblematisch.

SIEBZEHNTER TAG

Den Gletscher Orsabreen wollen wir von der Mitte her in Angriff nehmen. Hier ist die Wahrscheinlichkeit, auf Spalten zu stoßen, sehr gering. Nur beträgt die Sicht gerade wenige hundert Meter, was kaum ausreicht, um sich an den Felswänden und Bergeinschnitten westlich und östlich des Gletschers zu orientieren. Zuweilen wird die Sicht durch dichten Schneefall noch schlechter. Björn Terje will auch heute nicht von den Skiern lassen – für einen Norweger eine reine Prestigefrage. So stochern wir beide den Gletscher hoch, versuchen an den von Schnee und Wolken eingehüllten Bergen unsere

Position zu bestimmen. Je höher und je weiter nördlich wir kommen, desto tiefer wird der weiche Schnee. Bald messe ich 20 Zentimeter. Auf dem losen Schnee ist die Reibung der Schlitten spürbar höher, so dass die Hunde sich tüchtig ins Zeug legen müssen. Alle Schlittenfahrer helfen den Hunden nach Kräften, indem sie rollernd auf einer Kufe stehen oder von ihrem Schlitten springen und ihn so um ihr Körpergewicht erleichtern. Es geht stetig, aber gleichmäßig und nicht zu steil bergauf. Auf den knapp 30 Kilometern, die wir heute zurücklegen, überwinden wir 500 Höhenmeter.

Beim Aufbau des Lagers reißt die Wolkendecke unvermittelt auf. Sofort stehen wir in gleißendem Sonnenlicht, während sich die Wolken zum Horizont hin verabschieden. Das Panorama begeistert uns: Von dieser Höhe bietet sich uns eine grandiose Aussicht auf nicht enden wollende Gebirgsketten und Gletscher, die sich im Dunst des Horizonts aufzulösen scheinen. Weiß und Blau sind die vorherrschenden Farben, nur ganz selten vom Schwarz der Felsen unterbrochen. Das Panorama ist zugleich gewaltig und weich, mächtig, doch nicht abweisend. Auf westlicher Seite liegen wie eine leicht wellige Hochebene die riesigen Gletscher von Holtedahlfonna. Über 1600 Quadratkilometer erstreckt sich der Gletscher, der zu allen Seiten hin in weitere Gletscherzungen mündet, die dann irgendwo, oft über 100 Kilometer weiter, in einem Fjord enden. Man könnte meinen, Spitzbergen sei von einem einzigen Gletscher bedeckt, aus dem nur wenige Berge und Felsen hervorragen. Über 60 Prozent der Insel-gruppe sind mit permanentem Eis überzogen. Im Winter wird dieser Anteil durch die schneebedeckten Flächen und zugefrorenen Fjorde visuell noch erheblich übertroffen.

ACHTZEHNTER TAG

Das Wetter zeigt sich wechselhaft. Vom blauen Himmel ist am nächsten Morgen nichts mehr zu sehen. Tiefe, dicke Wolken sorgen für ein diffuses Licht und lassen die Bodenkonturen verschwimmen. Die Orientierung erweist sich als schwierig, denn die ohnehin sparsam gestreuten Felsen sind im Weiß des Gletschers nur zu erkennen, wenn man schon fast davor steht. So laufen wir viel nach Kompass. Jussi kämpft sich auf Skiern mehrere hundert Meter vor den Hundeschlitten durch den Schnee. Er kann von hinten angepeilt werden, so dass wir eine etwaige Abweichung von der Ideallinie schnell bemerken. Der auf meinen Schlitten montierte Bootskompass zeigt – unabhängig von der Lage des Schlittens – sehr genau und konstant die Richtung an. Nun meldet er beharrlich, dass Jussi da vorn mindestens 15 Grad zu weit östlich geht. Auf diese Weise werden wir den Übergang zum Gletscher Vonbreen niemals finden! Der Schnee wird immer tiefer, und wir alle – vor und hinter den Schlitten – haben viel Mühe, Jussi zu folgen. Erst nach einigen Kilometern können wir seine Richtung korrigieren.

Doch die Bergkette, die im Westen an den Vonbreen grenzt, will nicht aus dem Dunst auftauchen. Nach unserer Positionsbestimmung und dem Kompasskurs müssten wir genau darauf zulaufen. Warum geht es hier aber bergauf? Gerade heute muss die Sicht so schlecht sein! Obendrein setzt noch dichtes Schneetreiben ein, das alle Versuche, unsere Geschwindigkeit abzuschätzen, ad absurdum führt. Die Sicht verschlechtert sich weiter. Dicke, schneereiche Wolkenschichten verfinstern den Himmel. Schon längst läuft Jussi nicht mehr vorneweg, er hat sich auf Skiern zwischen die Schlitten eingereiht. Falk und Björn Terje stehen zu zweit auf einem Schlitten. Im Schneckentempo kämpfen wir uns durch den Tiefschnee vorwärts, immer wieder anhaltend, um auch dem folgenden Schlitten die Möglichkeit zu geben, aufzuschließen. Bei den steilsten Passagen laufen wir alle neben oder hinter den Schlitten. Die Hunde werden heute das erste Mal stark beansprucht. Für sie ist der Tiefschnee harte Arbeit. Die Freude darüber, dass sie als Rudel unterwegs sind und vorwärts stürmen dürfen – die beiden Motoren der Motivation –, flaut ab. In den kurzen Pausen werfen sie sich sofort in den Schnee. Keiner hängt sich noch während der Halts wieder ins Geschirr und gibt uns mit jaulendem Bellen zu verstehen, dass er weiter laufen möchte. Heute kosten sie jede Pause voll aus. Erst unsere Kommandos bringen die Vierbeiner wieder auf die Pfoten. Sie tun ihre Arbeit, ohne zu klagen oder zu bummeln. Doch von der überschäumenden Freude ist – außer beim morgendlichen Start – nicht mehr viel zu spüren.

Langsam lässt das Schneetreiben nach, die Wolken ziehen etwas höher. Und endlich fällt das Gelände leicht ab. Ein paar Kilometer weiter tauchen die ersten Felswände der Bergkette auf. Wir atmen auf. Wir sind richtig! Jetzt können wir unsere Richtung nach Norden mitten auf den Gletscher zu korrigieren. So genau man heutzutage mit dem Kompass oder dem satellitengestützten GPS in der Lage ist, seine Position zu bestimmen, so sind – nach wie vor – die Anhaltspunkte in der Landschaft die eigentlichen Hoffnungsträger der Fortbewegung. Kompass, GPS und unser Eintrag der Position auf der Karte können sich mal irren. Eine Bergkette nicht. Das schafft Sicherheit.

Eisbären

»Wie still es hier ist. Die Sonne ruht in der lautlosen Land-
schaft. Glühend tief sind die zauberhaften Farben der wei-
chen Schatten. Eins gehört zum anderen in dieser Natur,
auch die Tatzenspuren im tiefen Schnee, die zeigen, in wel-
cher Gemütsruhe die Tiere ihres Weges gezogen sind. Alles
atmet die gleiche Verträumtheit. Es ist, als zöge durch
alles hindurch ein in sich geschlossener Strom des heiligen
Friedens.«

CHRISTIANE RITTER

NEUNZEHNTER TAG

Das Wetter meint es heute gut mit uns. Zu Spitzbergen gehören
Wind und wenig Niederschläge. Fachleute sprechen von einem
»steppenhaft trockenen Klima«. Bei dem geringen Schneefall sind
Skitouren erst ab Januar möglich. Anton Trøyen, ein Trapper, der
tief im Norden, am Wijdefjord, überwintert, hat noch im März, als
wir über eine oft gestörte Funkverbindung Kontakt zu ihm aufgenommen haben, von extrem wenig Schnee gesprochen und auf den
nur leicht verschneiten Geröllhalden den Verlust mehrerer Kufen-
belege zu beklagen gehabt.

Wenn es auf Spitzbergen einmal richtig schneit, bläst der Wind
den Schnee schnell wieder fort. Das hat zur Folge, dass sich über
weite Strecken hinweg blank gefegte Geröllhalden und Schnee-
wehen in munterer Variation ablösen. Für den Schlittenfahrer ist
solch ein Gelände ein einziger Alptraum. Wer sich jedoch Christiane Ritters Bilder ansieht und ihr Tagebuch liest, der gewinnt den
Eindruck, dass sie hier oben einen alles andere als niederschlags-
armen Winter verbracht hat. Ihr Kampf, den Eingang der Hütte

schneefrei zu halten, war eine Sisyphusarbeit, denn oftmals erwiesen sich ihre Bemühungen schon nach wenigen Stunden als vergeblich. Ständiger Wind und Schneetreiben bliesen den in stundenlanger Arbeit freigeschaufelten Weg von der Hütte an die Oberfläche schnell wieder zu. Ein Bild zeigt die Hütte, wie gerade noch das Ofenrohr aus den Schneemassen ragt.

Wir hingegen registrieren sehr wenig Wind und viel Schnee, zumindest hier auf der westlichen Seite. Immer wieder kommt die Sonne durch und zeigt uns, was sie vermag: Bei völliger Windstille steigt die Temperatur in der Sonne gegen oder auch einmal über den Gefrierpunkt. Unsere Gletscherbrillen kommen häufig zum Einsatz, ebenso wie die Sonnencreme mit hohem Lichtschutzfaktor. Nachts kühlt es deutlich ab. Das beginnt schon, wenn die tief stehende Sonne ihre Kraft verliert, und verstärkt sich, sobald sie hinter den Bergen verschwunden ist. Minus 23 Grad messen wir als tiefste Temperatur.

Bestätigen können wir Christiane Ritter insofern, als das Wetter sehr wechselhaft ist. Schnell ziehen Wolken herauf, fallen tiefer und nehmen in kürzester Frist die Sicht. Genauso schnell und unvermutet reißt die Wolkendecke wieder auf. Von Nutzen ist hier ein Höhenmesser, der für uns auch die Funktion eines Barometers erfüllt. Mit Hilfe dieses Instruments kann man die Tendenz des Wetters immer eindeutig bestimmen, auch wenn man sich in einem gebirgigen Gelände befindet und viele Höhenmeter zurücklegt.

Beim Abstieg vom Vonbreen-Gletscher hält sich der Luftdruck weit oben an der Skala des Barometers. Rasch geht es hinunter zum Woodfjord, der uns schon früh morgens von weitem als Ziel in die Augen sticht.

Schon auf dem Weg zum Fjord werden die Schneeverhältnisse besser. Es gibt kaum noch losen Tiefschnee, und auf dem vom Wind fest gepressten Schnee kommen wir schneller vorwärts. Die Hunde sinken nicht mehr ein und können sich mit ihren Krallen gut von dem harten Untergrund abstoßen.

Unten am vereisten Fjord angekommen, halten wir vor Ehrfurcht inne. Zu gewaltig sind die von den Bergen hinunterfließenden Gletscher, zu majestätisch die Gebirgszüge im Sonnenlicht, und zu weitläufig erstreckt sich der Fjord nach Norden, als dass wir aus dem Staunen herauskämen. Das Land verkörpert Unendlichkeit – nicht nur im geografischen Sinne, sondern auch im zeitlichen. Wir spüren, dass unsere Anwesenheit in der Ewigkeit dieser Landschaft weit weniger als eine Millisekunde ausmacht.

Wir spüren auch, dass das Wetter und die Schneeverhältnisse auf unserer Seite sind. Die Sorge, dass die Zeit, die uns nach den beiden vergeblichen Versuchen, Spitzbergen zu erreichen, noch verblieben ist, für die Hundeschlittentour nicht ausreichen könne, fällt langsam von uns ab, und wir beginnen das Wetter und die Landschaft in vollen Zügen zu genießen, nicht nur zu durchfahren, um ein bestimmtes Ziel zu erreichen.

Wir fotografieren, was uns vor die Linse kommt: die Gespanne vor den imposanten Gebirgszügen und Gletschern, die Hunde, wie sie sich im Schnee aalen, und uns selbst, wie wir uns, nunmehr bei Temperaturen um den Gefrierpunkt leicht bekleidet, den Pausensnack schmecken lassen. In der prallen Sonne tragen wir unter dem winddichten Anorak jetzt nur noch ein dünnes Vlies oder einen Pullover und eine dünne, lange Unterhose unter der Skihose. Die warmen Fäustlinge sind schon seit dem frühen Vormittag gegen dünnere Fingerhandschuhe ausgetauscht worden. Diese Bekleidung reicht bei Windstille und dem nur leichten Fahrtwind von vielleicht zwölf Stundenkilometern völlig aus. Während der Mittagspause, wenn die kühlende Wirkung des Fahrtwindes fehlt, ist selbst die dicke Fellmütze zu warm.

Plötzlich stoppen meine Leithunde, die Nasen nach unten in den Schnee gerichtet. Als ich vorn ankomme, weiß ich, warum: Die riesigen Tatzenspuren eines Eisbären führen an das östliche Ufer. Sie können nicht alt sein, zu scharfkantig sind die Umrisse der Tatzen und Krallen abgedrückt. Doch so angestrengt wir unsere Blicke auf das ungefähr drei Kilometer entfernte Ufer richten, wir können nichts entdecken. Der Eisbär muss hünenhaft gewesen sein, denn seine Tatzenabdrucke sprengen bei weitem die Größe meiner klobigen Schuhe – immerhin Größe 47! Ich veranschlage seine »Schuhgröße« auf über 58. Unwillkürlich schaue ich zum Gewehr, kontrolliere die Munition in meiner Hosentasche und den Signalgeber mit den Schreckschüssen. Auf unserem Weg über die Gletscher habe ich die Gefahr durch Eisbären fast vergessen.

Die Spuren des Königs der Arktis sind auf dem Eis des Woodfjords so dicht wie bei mir zu Hause in Nordnorwegen die Rentierspuren. Quer über den Fjord zeugen sie von der Suche des weißen Riesen nach einer leicht zu fangenden Robbe.

Ein paar Stunden später ruft Jussi: »Eisbär! Da hinten! Chris, gib mir mal das Fernglas!« Dort, wohin er zeigt, kann ich nichts erkennen.

Jussi schaut durch das Glas: »Wow, it's a big boy!«

Endlich sehe auch ich mit bloßen Augen einen hellen Punkt, der sich ungefähr vier Kilometer von uns entfernt auf dem Eis bewegt. Erst mit dem Fernglas ist er eindeutig als Eisbär zu identifizieren. Nachdem wir alle durch das Glas gesehen haben und überzeugt sind, macht sich unter uns eine leichte Nervosität breit, gepaart mit einer gewissen Neugier. Wir überprüfen noch einmal, ob die drei Gewehre wie abgesprochen aufgeteilt sind und die Gewehrträger genug Munition bei sich tragen. Jeweils der erste und der letzte Schlitten und einer der Skiläufer haben ein Gewehr, und jeder Teilnehmer trägt einen Signalgeber mit neun Schreckschusspatronen.

Wenn ein Eisbär sich nähert, verscheucht man ihn am besten bereits im Vorfeld mit Schreckschüssen. Die Schreckschüsse fliegen ungefähr 40 Meter weit, bis sie in einem ohrenbetäubenden Knall, ungleich lauter als ein Gewehrschuss, explodieren. Nun legen auch die Gewehrträger ihre Gewehre auf den Bären an, da er ohne Vorwarnung und schnell angreifen kann. Macht der Bär nach den ersten Schreckschüssen nicht kehrt, schießt man weitere so ab, dass sie unmittelbar vor ihm explodieren. Diese Strategie dürfte zusammen mit unserer großen Zahl Hunde, die bei Annäherung des Bären sofort einen Heidenradau veranstalten, genügen, um ihn in die Flucht zu jagen. Schusswaffen sind nur die allerletzte Möglichkeit, sich gegen einen angreifenden Eisbären zu verteidigen. Die Entscheidung, sie als Notwehr zu gebrauchen, liegt im Allgemeinen bei mir.

Während wir uns weiter vorwärts bewegen, sehen wir den Eisbären am östlichen Ufer des Woodfjords langsam in unsere Richtung trotten. Er hat uns sicherlich schon längst gesichtet, denn vor dem weißen Hintergrund sind wir selbst von weitem leicht zu entdecken. Die Neugierde treibt ihn vom Ufer wieder zurück auf das Eis und auf uns zu. Oft reckt er die Nase in die Luft, wittert unsere Gerüche. Als der Abstand gerade noch 300 Meter beträgt, will es scheinen, als zähle er die Gespanne und komme zu dem Schluss, dass eine weitere Annäherung einen Kraftakt seinerseits erforderlich machen könnte. Den sind wir ihm nicht wert, und so legt er sich einfach auf das Eis und schaut nicht uninteressiert, aber mit deutlich verminderter Neugierde zu uns herüber. Uns ist das nur recht. Wir atmen auf und können ungestört weiter unsere Richtung verfolgen.

Zu Hause hatte ich mir vorzustellen versucht, was geschehen könnte, wenn wir auf einen Eisbären träfen. Natürlich war mir der Gedanke nicht ganz geheuer. Im Umgang mit Eisbären fehlte mir jegliche Erfahrung. Noch niemals war ich in Gegenden unterwegs, wo ich mich vor gefährlichen Tieren schützen musste. Ich wusste nicht, wie sie auf uns reagieren würden. Aber ich empfinde auch eine Art Erfurcht ihnen gegenüber. Wie kann ein Säugetier, das fast ausschließlich auf dem Eis zu Hause und immer auf Wanderschaft ist, hier in diesem lebensfeindlichen Raum überleben? Das Tier ist durch und durch den rauen Gegebenheiten angepasst. Sein Fell aus fast durchsichtigen Hohlhaaren sorgt dafür, dass die Sonnenstrahlen bis zu seiner schwarzen Haut gelangen und dort zu 95 Prozent absorbiert werden. Zusätzlich schützt ihn eine bis zu zehn Zentimeter dicke Fettschicht vor der oft grimmigen Kälte. Selbst längere Schwimmausflüge bei tiefen Temperaturen können ihm nichts anhaben.

Die Bärinnen paaren sich alle zwei bis drei Jahre; die Begattung erfolgt im April. Im Herbst gräbt sich die Bärin in eine Schneehöhle ein, wo die Jungen im Januar geboren werden. Die Neugeborenen wiegen nicht mehr als 600 Gramm, legen dann aber jeden Tag 100 Gramm zu. Wenn Mutter und Kind(er) drei Monate später die Schneehöhle verlassen, wiegen die Kleinen bereits zehn Kilogramm, während die Mutter die Hälfte ihres Körpergewichts verloren hat. Die Chance der Kleinen, ein Alter von zwei Jahren zu erreichen, ist gering: Nicht mehr als 34 Prozent der Jungen werden erwachsen.

Erfahrene Eisbären fressen durchschnittlich alle fünf Tage eine erwachsene Robbe. Der junge Nachwuchs, der fast drei Jahre bei der Mutter bleibt, stellt sich mit 18 Monaten noch nicht sehr geschickt an: Er fängt nur 50 Prozent der Robben, die er mit 30 Monaten erbeuten wird.

Große männliche Bären können bis über 600 Kilogramm wiegen, verlieren jedoch bis zum Frühling rund 20 Prozent ihres Körpergewichts. Trotz ihres Gewichts sind die Tiere äußerst flink und erreichen eine Laufgeschwindigkeit von bis zu 60 Stunden-kilometern.

Auch auf Spitzbergen sind die Eisbären geschützt. Der Bestand umfasst rund 4000 Bären, das sind etwa 10 Prozent des Weltbestandes.

Fast 50 Kilometer legen wir heute bis zum Kap Auguste Viktoria zurück – unsere bisher längste Etappe. Weder für uns noch für die Hunde ist sie besonders anstrengend ausgefallen. Unser Optimismus steigt. Wenn wir weiterhin so gut vorwärts kommen, besteht Grund zur Hoffnung, dass wir für den Rückweg unsere ursprünglich geplante Route einschlagen können, die uns über den Wijdefjord nach Süden wieder zum Isfjord bringen soll. Aber noch wissen wir nicht, wo das Fjordeis endet und das offene Wasser beginnt. Davon hängt alles ab.

ZWANZIGSTER TAG

Heute ist wieder ein spannender Tag, an dem sich einiges klären wird. Vor allem die Frage, ob wir wirklich bis Gråhuken kommen werden. Deswegen hält es mich heute nicht besonders lange im Schlafsack. Bin nur ich so gespannt? Alle nichtdeutschen Expeditionsteilnehmer kennen Christiane Ritters Geschichte und ihr Buch nur vom Hörensagen. Für sie ist die Hütte bei Gråhuken, die rund 1000 Kilometer vom Nordpol entfernt liegt, nicht viel mehr als der nördlichste Punkt der Expedition. Oder haben die bisherigen Etappen bewirkt, dass Christiane Ritters Erlebnissen und Einsichten, von denen ich oft erzähle, ein tieferes Verständnis entgegengebracht wird? Für Falk und Martin bedeutet die Hütte indes mehr als die Tatsache, dass wir dort den nördlichsten Punkt unseres Unternehmens erreichen. Insbesondere Falk ist in der Polarforschung bewandert wie nur wenige sonst, und da er zusammen mit dem Expeditionsleiter Arved Fuchs schon viele aus der Polarliteratur bekannte Orte bereist hat, weiß er um die Faszination geschichtsträchtiger Stätten.

Mir dauert das Frühstück heute viel zu lange. Auch der Zeltabbau könnte zügiger vonstatten gehen, schließlich ist dies nicht unsere erste Nacht im Zelt gewesen. Als die gesamte Ausrüstung auf die Schlitten verladen ist, drücken wir die Anker in die dünne Schneedecke und stellen die Schlitten gekippt darauf. Selbst wenn die Hunde nun den Anker aus dem Schnee reißen sollten, können sie den Schlitten im umgekippten Zustand bestenfalls einige Meter weit weg ziehen. Nun streifen wir einem Hund nach dem anderen das Geschirr über. Vier verschiedene Größen stehen zur Verfügung, denn die Geschirre müssen möglichst genau den Hundegrößen angepasst sein. Die älteren Hunde helfen fleißig mit. Sie wissen, wann sie welche Pfote heben und in die entsprechende Öffnung des Geschirrs stecken müssen. Aber auch die Hunde kümmert meine leichte Nervosität wenig. Die hinter uns liegenden 250 Kilometer haben ihren unbändigen Drang zum Ziehen merklich abgekühlt. Selbst als sie alle vor den Schlitten stehen und mittels Zugleine festgebunden sind, setzt kein Gejaule ein, auch nicht das ständige »In-das-Geschirr-Werfen«. Sie stehen ruhig da, schnuppern ein wenig im Schnee oder an ihrem Nachbarn, als sei das Warten auf den Anpfiff ihre leichteste Übung. Erst als der junge Fritz die Geduld verliert, kräftig an der Zugleine zerrt und die für ihn typische Ungeduld auch verbal artikuliert, kommt Leben in den Trupp, und bald hallt das übliche Geschimpfe über den lästigen Aggregatzustand der relativen Ruhe durch die Bucht. Dem kann ich mich heute problemlos anschließen. Es dauert wieder einmal eine halbe Ewigkeit, bis alle Hunde vor ihren Schlitten stehen. Jeder rollt heute sein Stahlseil, an dem die Hunde des Nachts befestigt worden sind, besonders umständlich zusammen. Allzu bedächtig streift sich der eine oder andere eine Jacke oder ein zusätzliches Vlies über.

Dann kommt Jussi auch noch auf die Idee, die Fingerhandschuhe gegen Fäustlinge auszutauschen, und Björn Terje muss seiner Blase in letzter Sekunde Erleichterung verschaffen. Als endlich alles klar zum Start ist, verrät mir ein Blick nach vorn, dass Fritz – des Wartens überdrüssig – sich sein Geschirr schon wieder halb ausgezogen hat und Aila in die Zugleine von Gram verwickelt ist. Schließlich sind die Verwicklungen gelöst, ich will den Schlitten aufrichten, als Jussi sich die dicken Fäustlinge wieder abstreift und nach vorn zu seinen Hunden geht: Auch bei ihm haben sich zwei Hunde – die Wartezeit sinnvoll nutzend – in diverse Leinen verheddert. Nachdem Jussi Ordnung geschaffen und sich wieder mit Fäustlingen bewaffnet hat, nachdem Chris von unserem Aufbruch schnell noch zwei Fotos geschossen hat und ich meinen Fritz erneut aus dem Zugseil seines Nachbarn befreit habe, können wir starten. Fast hätte ich nicht mehr geglaubt, dass wir heute überhaupt loskommen!

Zügig dringen wir weiter nach Norden vor. Die ebene Fläche des Fjordeises geht nun in zusammengefrorene kleinere Eisverwerfungen über. Hier müssen wir darauf achten, dass wir die großen aufragenden Schollen umfahren, denn dafür sind die Schlitten nicht gebaut. Die Inuitschlitten haben eine andere, diesen Verhältnissen angepasstere Bauweise. Der Abstand der Ladefläche vom Untergrund ist zwei bis drei Mal so groß, was sie auf dem rauen Eis erheblich robuster macht.

Bald liegt Kap Auguste Viktoria querab. Die nächsten 15 Kilometer entscheiden darüber, wie weit wir auf dem Fjordeis an den Steilhängen entlang nach Norden vordringen können oder ob uns offenes Wasser zu weiten Umwegen durch das Inland zwingt. Hinter dem Steilufer liegt auf dem Mattilasodden eine Trapperstation. Von dort an erstreckt sich zwischen den Bergen und dem Fjord ein gut befahrbares Vorland. Treffen wir erst hier auf offenes Wasser, müssten wir am Ufer entlang problemlos nach Gråhuken kommen. Wenn wir die ersten 15 Kilometer das Fjordeis als Weg nutzen können, liegen insgesamt nur noch knapp 50 Kilometer zwischen uns und unserem Ziel, und wir könnten es heute erreichen.

Seevögel, die uns immer zahlreicher neugierig umkreisen, künden davon, dass die See nicht weit entfernt liegt. Anscheinend sind Hundeschlittengespanne hier seltene Gäste, denn wir und besonders die Hunde werden scharf beäugt. Manchmal sieht es so aus, als wollten die Vögel Scheinangriffe auf die Leithunde fliegen. Die lassen sich davon wenig irritieren, denn die zahlreichen Atemlöcher der Robben im Eis riechen viel besser. Und mit der Verfolgung der hoch in den Lüften schwebenden Vögel sind schließlich selbst Leithunde überfordert. Je näher wir dem Steilufer kommen, desto angestrengter schauen wir auf den Horizont. Grau hängen dort die Wolken, grau liegt das Eis darunter. Offenes Wasser können wir nicht entdecken. Als wir den grauen Steilhang auf dem Fjordeis umfahren, fassen wir unser Glück kaum: Das größte Hindernis, der unpassierbar direkt aus dem Fjord ragende Koloss von Berg, liegt hinter uns. Das Ziel rückt greifbar nahe!

Bald tauchen die ersten Hütten der verlassenen Trapperstation auf dem Mattilasodden auf. Die Halbinsel ragt flach in den Woodfjord hinein, von dort aus hat man eine gute Aussicht. Auf Spitzbergen wird ein Bauplatz völlig anders ausgewählt als auf dem norwegischen Festland. Die Siedlungen in meiner neuen Heimat liegen vor den schweren Stürmen des Nordatlantiks geschützt in Buchten, hinter Bergrücken oder tiefer im Fjord. Auf Spitzbergen stehen die Hütten nicht nur exponiert, sondern so exponiert wie möglich. Der Grund, warum man beim Bau der Hütten auf den Schutz vor den Unbilden des Witterung verzichtete, ist der Eisbär.

Bevor der Eisbär 1973 unter Schutz gestellt wurde, bildete die Eisbärenjagd eine wichtige Einkommensquelle der Trapper, die sich die Neugierde zunutze machten, die Meister Petz gegenüber allem nicht Alltäglichen zeigt. Von der Hütte als dunklem Flecken im weißen Schnee magisch angezogen, lief er direkt vor die Flinte des Jägers. Zusätzlich wurden an den Hütten hohe Masten angebracht, die an Flaggenstangen erinnern. Allerdings wehte hier niemals eine Flagge. Der Mast sollte einzig und allein bewirken, dass die Eisbären aus noch größerer Entfernung auf die Hütte aufmerksam wurden.

Bei der Trapperstation auf dem Mattilasodden fällt das Gestell für die Robben ins Auge. Über sechs Meter ragt es trantriefend in die Höhe. Hier werden die ausgenommenen Robben unerreichbar für die Bären aufgehängt. Früher lagerten die Trapper die Robben in Bodennähe, um damit den weißen Riesen als Jagdbeute zu ködern.

Solide Rundhölzer sind der Baustoff der großen Haupthütte. Diese Baumstämme liegen an fast allen Küstenstreifen Spitzbergens. Von den russischen Strömen in das Eismeer gespült, landen sie schließlich auch auf den Inseln des Archipels. Da hier keine Bäume wachsen, sind die Rundhölzer als Baumaterial und auch zum Heizen äußerst willkommen.

Ursprünglich stand diese Hütte ganz woanders, und zwar tief im Wijdefjord bei Krosspynten. Wie man sich erzählt, war der aus vielen Geschichten bekannte Hovelsrud, Sinnbild eines norwegischen Trappers, vor vielen Jahren damit beschäftigt, ein paar Baumstämme für sein Blockhaus zurechtzuzimmern und übereinander zu setzen, als sich ein bühnenreifes Theaterstück entwickelte, das die Wesenszüge der auf Spitzbergen lebenden Menschen anschaulich vor Augen führt. Vorausgeschickt sei die Feststellung, dass sich die Quantität der Kommunikation bei Norwegern im Vergleich zu Italienern oder Franzosen im Dezimalbereich von Promille bewegt.

Hovelsrud, ein Trapper, Individualist, unrasiert, wortkarg, offenes kariertes Holzfällerhemd, athletisch, Gesicht wie ein Steinbruch

Eldring, Sysselmann (Gouverneur), fast ein König, nur den norwegischen Behörden in Oslo rechenschaftspflichtig, feist, zu enger schwarzer Anzug, Zigarrenliebhaber

Zwei Lensmänner, Polizeibefugte, blaue, schlecht sitzende Uniform mit etwas zu kurzen Hosen, Bügelfalten, hellblaues Hemd, hellbraune Halbschuhe, blass, hager, einer deutlich größer

ERSTER AUFZUG
Vorhang auf: Strand bei Krosspynten, Steine, im Hintergrund steile Berge, leichte Bewölkung, Brise, leichter Wellengang, ab und zu Möwengekreisch

ERSTER AUFTRITT
Hovelsrud trägt mühelos einen riesigen Baumstamm zu seiner halb erbauten Hütte, bearbeitet ihn mit der Axt. Späne fliegen. Hubschraubergeräusch, ein Hubschrauber landet unweit der Baustelle. Die Lensmänner steigen aus. Hovelsrud arbeitet weiter, schaut nicht auf, obwohl die beiden für ihn die ersten Menschen sind, die er seit über hundert Jahren sieht.

Der Lange von weitem: Hallo Hovelsrud, wie geht's?
Hovelsrud reagiert nicht.
Die Lensmänner dicht bei Hovelsrud.
Der Kleine: Hallo Hovelsrud, wie geht's?
Hovelsrud schaut nicht auf, weiterarbeitend: Gut.
Der Lange: Du baust hier eine Hütte?
Hovelsrud, arbeitet weiter, schweigt.

Die Lensmänner schauen sich kurz an.

Der Kleine: Das wird ja eine schöne Hütte!

Hovelsrud, weiterarbeitend: Ja.

Hovelsrud dreht den schweren Baumstamm so flink um, dass die Lensmänner zur Seite springen müssen.

Der Lange: Hast du dafür eine Genehmigung?

Hovelsrud, weiterarbeitend: Nee!

Der Kleine: Hast du schon gehört, dass die …

Hovelsrud, weiterarbeitend: Ach!

Die Lensmänner schauen sich kurz an, wenden sich zum Gehen.

Der Kleine: Na, dann mach's gut!

Hovelsrud arbeitet weiter, ohne aufgesehen zu haben.

Der Hubschrauber fliegt fort.

ZWEITER AUFTRITT

Hovelsrud trägt zwei 40 Meter lange Baumstämme auf den Schultern vom Strand zur Hütte. Fängt mit der Axt zu arbeiten an, Späne fliegen. Hubschraubergeräusch, ein Hubschrauber landet unweit der Baustelle. Die Lensmänner steigen aus. Hovelsrud arbeitet weiter, schaut nicht auf, obwohl die beiden für ihn die ersten Menschen sind, die er seit über zwei Wochen sieht.

Der Lange von weitem: Hallo Hovelsrud, wie geht's?

Hovelsrud reagiert nicht.

Beide Lensmänner dicht bei Hovelsrud.

Der Kleine: Hallo Hovelsrud, wie geht's?

Hovelsrud schaut nicht auf, weiterarbeitend: Gut.

Der Lange, hüstelnd: Äh Hovelsrud, äh … also …du baust hier ohne Genehmigung …

Hovelsrud arbeitet weiter, schweigt.

Der Kleine, hüstelnd, dann mit etwas mehr Druck in der Stimme: Äh, Hovelsrud, äh … also … du baust hier ohne Genehmigung.

Hovelsrud schaut für eine Zehntelsekunde auf, ohne die Arbeit zu unterbrechen: Ach!

Der Kleine, förmlich: Hovelsrud, du baust hier ohne Genehmigung und musst das Bauen sofort einstellen.

Hovelsrud arbeitet weiter, schweigt.

Der Lange: Sieh mal, Hovelsrud, wenn hier einfach jeder so bauen würde, wie er wollte, dann ...

Hovelsrud, arbeitet weiter: Ach!

Die Lensmänner schauen sich kurz an, wenden sich zum Gehen.

Der Kleine: Na, dann mach's gut!

Hovelsrud arbeitet weiter. Der Hubschrauber fliegt fort.

DRITTER AUFTRITT

Hovelsrud will eben einen großen, 650 Kilogramm schweren Stein wegtragen. Hubschraubergeräusch, ein Hubschrauber landet unweit der Baustelle. Die Lensmänner steigen aus. Hovelsrud tänzelt mit dem Stein über das Geröll, schaut nicht auf, obwohl die beiden für ihn die ersten Menschen sind, die er seit über zwei Tagen sieht.

Der Lange von weitem: Hallo Hovelsrud, wie geht's?

Hovelsrud reagiert nicht.

Die Lensmänner dicht bei Hovelsrud.

Der Kleine: Hallo Hovelsrud, wie geht's?

Hovelsrud geht weiter: Gut.

Der Lange, hinter Hovelsrud herstolpernd: Äh Hovelsrud, äh ... also ...du baust ja hier, obwohl dein Bauantrag abgelehnt worden ist.

Hovelsrud geht weiter, schweigt.

Der Kleine: Der Sysselmann will dich sprechen. Du sollst mitkommen.

Hovelsrud lässt den Stein fallen, geht zum Hubschrauber.

Vorhang zu.

Vorhang auf. Büro, ältere Holzmöbel, Schränke mit Rollläden, Aktenberge, Gummibaum, daneben Gießkanne, an der Decke weiße Kugellampe, blanker Linoleumboden. Schreibtisch, dahinter der Sysselmann sitzend, davor ein leerer Stuhl.

ERSTER AUFTRITT

Hovelsrud betritt das Büro, die beiden Lensmänner dicht hinter ihm. Der Sysselmann erhebt sich, geht mit ausgestreckter Hand zwei Schritte auf Hovelsrud zu. Hovelsrud hat den Blick auf den Stuhl vor dem Schreibtisch gerichtet, nimmt dort Platz. Der Sysselmann setzt sich. Hovelsrud schaut aus dem Fenster, obwohl es für ihn das erste Treffen mit einem Sysselmann seit über hundert Jahren ist. Die Lensmänner verlassen auf einen Wink des Sysselmanns hin das Büro.

Sysselmann: Hovelsrud, so geht das nicht.

Hovelsrud: Was?

Sysselmann: Das mit der Hütte. Du kannst nicht einfach eine Hütte bauen, ohne dass ich es genehmige. Und von mir bekommst du jetzt keine Genehmigung mehr.

Hovelsrud: Ach!

Schweigen. Der Sysselmann zündet sich eine Zigarre an, bläst den Rauch in die Luft und verpestet das Büro. Schweigen. Räuspern.

Sysselmann: Äh ... Hovelsrud ... Du kannst die Hütte in Gråhuken bauen.

Hovelsrud: Gut, und du fährst das Holz von Krosspynten mit deinem Schiff dahin.

Sysselmann, erleichtert: In Ordnung.

Beide geben sich die Hand.

Vorhang zu.

Vorhang auf. Vorschiff, beladen mit den Baumstämmen aus Krosspynten. Schwerer Sturm, Wellen schlagen über das Vorschiff. Hovelsrud, in seinem offenen, karierten Holzfällerhemd, steht vorn, hält sich an der Reling fest, während das Schiff mit den mörderischen Wellen kämpft.

ERSTER AUFTRITT

Der Sysselmann öffnet ein Seitenfenster auf der Brücke. Tobender Sturm, tosende See. Hovelsrud bleibt unbeeindruckt, obwohl es der erste Orkan seit zwei Stunden ist.

Der Sysselmann brüllt gegen den Orkan an: Hovelsrud, bei dem Sturm können wir in Gråhuken nicht anlanden. Wenn wir zu dicht an das Ufer kommen, zerschellt unser Schiff an den Riffen!
Hovelsrud: Ach ...
Der Rest seines drei Buchstaben langen Satzes wird von einer riesigen, über das Schiff rollenden Woge verschlungen.

ZWEITER AUFTRITT

Ruhiges Wetter, kein Wind, ruhige See, Möwen. Hovelsrud noch immer im offenen Holzfällerhemd vorn an der Reling, obwohl es für ihn das erste ruhige Wetter seit Menschengedenken ist.

Der Sysselmann öffnet das Seitenfenster auf der Brücke, ruft: Hovelsrud, gut, dass wir jetzt hier in dieser stillen Bucht am Mattilasodden Schutz vor dem Unwetter gefunden haben!
Hovelsrud mit dem zweitlängstem Satz seines Lebens: Ja. Hier baue ich die Hütte!
Der Sysselmann zündet sich eine Zigarre an, verqualmt die Brücke, schweigt nachdenklich, dann, erleichtert ausatmend: Gut!
Vorhang zu.

Seitdem steht die Hütte von Hovelsrud auf dem Mattilasodden.

Der Trapper Hovelsrud ist für seinen Starrsinn und Individualismus in Spitzbergen berühmt. Die oben erwähnte – zugegebenermaßen etwas überzeichnete – Begebenheit wird noch heute gerne überall auf dem Archipel erzählt, denn sie bringt das Verhältnis der freiheitsliebenden Trapper zu der bürokratischen, vom Festland kommenden Verwaltung genau auf den Punkt.

Wir kommen nach Gråhuken

»Wirklich lässt sich da langsam in der Ferne ein öder,
grauer, lang gezogener Küstenstreifen erkennen und
darauf, wie eine winzig kleine, angeschwemmte Kiste
das, was unsere Hütte sein soll. Alle Passagiere kommen
an Deck und sehen mit dem gleichen starren Entsetzen
auf die Küste.«
CHRISTIANE RITTER

Hovelsruds Hütte sieht sehr solide aus. Kräftige Läden vor den
Fenstern und Türen aus oberschenkeldicken Rundhölzern sollen
die Eisbären daran hindern, die Möbel in der Hütte geradezu-
rücken. Vor dem Fenster nach Norden hin steht eine gemütliche
Bank im Schnee. Von hier aus lässt sich im Sommer bestimmt gut
die nicht untergehende Mitternachtssonne beobachten, wie sie
nach zwölf Uhr noch weit über dem Horizont wieder zu steigen beginnt.

Eine urige Karre mit vier Holzrädern diente dazu, die angetriebe-
nen Holzstämme vom Strand hoch zur Hütte zu ziehen. Anstelle
von Zugpferden setzte Hovelsrud seine Hunde ein. Unweit der
Haupthütte entdecke ich die Schlitten, die schon fast ein Jahrzehnt
lang hier ungenutzt aufgestapelt stehen. Trotzdem sehen sie so aus,
als brauche man sie nur aus dem Schnee zu graben, Hunde davor
zu spannen, und schon kann es losgehen. Viermal überwinterte
Hovelsrud in dieser Hütte, im letzten Winter 1993/94 zusammen
mit Barbara Aerndel aus der bayrischen Stadt Sonthofen. Sie war
Englischlehrerin, arbeitete aber auch als Wildnisführerin auf Spitzbergen, Alaska und Afrika. Tragischerweise litt sie an einer unheil-
baren Krebserkrankung, an der sie ein Jahr später starb.

Wenige Kilometer hinter Hovelsruds Hütte liegt der Fjord eisfrei vor uns. Doch jetzt können wir uns problemlos auf dem Vorland nach Norden bewegen. Manchmal zwingt uns ein eingeschnittenes Flussbett, das quer zu unserer Richtung verläuft, zu kleinen Umwegen, ab und zu fahren wir dicht an die Berge heran, dann wieder finden wir direkt auf dem Schnee am Ufer des Fjords einen besseren Weg. Die Hunde sind leistungswillig, machen aber einen müden Eindruck. Der Tiefschnee auf dem Gletscherplateau von Holtedahlfonna und unsere langen Etappen sind nicht spurlos an ihnen vorübergegangen. Erschwerend kommt hinzu, dass die Tageshöchsttemperaturen stark gestiegen sind und nun nur noch wenige Grade unter null liegen. Wärme macht den Hunden zu schaffen – ganz anders als Kälte. Gegen Wärme können sie nichts tun, es ist unmöglich, ihr aus dem Weg zu gehen. Bei Kälte laufen sie hingegen immer hervorragend, zumindest bis minus 50 Grad. Wie sie sich bei noch tieferen Temperaturen verhalten, kann ich nicht beurteilen.

Sehr tiefe Temperaturen können ihnen eigentlich nur des Nachts unangenehm werden. Vor allem, wenn sie nicht genügend losen und tiefen Schnee zum Eingraben finden. Kein Schnee kann sie dann beim Schlafen vor der grimmigen Kälte schützen, und es ist oft ein leises Klirren der Ketten zu hören. Die Hunde stehen immer wieder auf und laufen umher. Zum Schlafen ist es ihnen einfach zu kalt.

Ideal sind Temperaturen um minus 15 Grad. Wenn sie dann eine durchschnittliche Arbeitsleistung erbringen, hält sich ihr Hecheln in Grenzen, was ein Zeichen dafür ist, dass sie sich nur wenig abkühlen müssen. Bei diesen Temperaturen bilden sich unter den Pfotenballen auch nur selten Eisklumpen. Hingegen frieren die Eisklumpen bei kälteren Temperaturen an den Haaren zwischen den Ballen an. Je länger die Hunde laufen, desto größer – bis zur Größe einer Kirsche – werden die Eisklumpen. Wer die Hunde beim Laufen genau beobachtet, entdeckt ein leichtes Humpeln, wenn der Klumpen vielleicht Himbeergröße angenommen hat. Bremsen wir nun und bleiben stehen, legen sich die erfahrenen Hunde sofort hin und reißen das Eis mit den Zähnen heraus. Bei jungen Hunden müssen wir selbst Hand anlegen. Sind die Hunde aber total erschöpft, fehlt ihnen für diese Anstrengung manchmal die Kraft. Da die rauen Klumpen ständig an der Haut zwischen den Ballen reiben, ist es wichtig, dass man das Eis unter den Pfoten frühzeitig entdeckt. Wird das Eis nicht entfernt, bilden sich offene, blutende Wunden. Die Hunde stören sich weniger an den Eisklumpen und halten deswegen nicht von selbst an, um sie zu entfernen. Für sie zählt nur das Laufen und Vorwärtskommen.

Um die Hunde bei Schlittenhunderennen vor der Eisbildung und vor allem vor dem Wundlaufen zu bewahren, werden ihnen Schuhe oder Socken angezogen, die Booties, die meist aus Cordura oder ähnlich festen Stoffen genäht sind. Damit sie nicht abrutschen, zieht man sie mittels Klettband oben zusammen. Das ist für Rennen, die alle auf präparierten Pisten stattfinden, sicher praktikabel. Bei unseren Touren, fernab jeder Loipe, würden die Hunde sie auf den ersten 100 Metern verlieren, denn die Booties rutschen herunter, sobald die Pfoten im Schnee versinken. Zudem laufen Expeditionshunde sich nicht wund, wenn die Schlittenführer bei jedem Halt auf die Eisklumpen zwischen den Ballen achten.

Ein paar Kilometer weiter treffen wir auf eine weitere Hütte. Sie ist deutlich kleiner und älter. Doch sie kommt mir fast bekannt vor. Hat Christiane Ritter nicht von ihr gesprochen? Ist das nicht die von ihr beschriebene »Hütte in der Svendsen Bay«? Plötzlich fühle ich, wie Christiane Ritter mir ganz nahe ist. Diese kleine Hütte ist der erste Ort, an dem unsere Expedition und Christiane Ritters Buch, ihre Überwinterung sich unmittelbar berühren. Sie diente als Nebenhütte eines Jagdgebiets. Die Jagdgebiete wurden von einer Hauptstation aus bejagt. Daneben gab es mehrere kleinere, karg eingerichtete Nebenhütten, selten mit mehr ausgestattet als einem Bettgestell, einem kleinen Tisch und – natürlich – einem Ofen. Diese ermöglichten es den Jägern, in einem verhältnismäßig weiten Terrain zu jagen. Auf ihren Jagdtouren konnten sie so mehrere Tage lang ihre weit verstreuten Fallen aufsuchen, ohne dass sie allzu große Rücksicht auf das Wetter nehmen mussten. Die nächste Nebenstation war nie weiter als 15 Kilometer entfernt. Die Fallen mussten regelmäßig aufgesucht und geleert werden – so häufig, wie es nur irgend möglich war. Sonst hatte der Eisbär die Aufgabe bereits erledigt. Dieses Mehr an Sicherheit war unabdinglich, denn hier oben im Norden kann das Wetter blitzschnell und oft aus heiterem Himmel umschlagen. In den Berichten der Jäger ist immer wieder von überraschend hereinbrechenden Schneestürmen die Rede, die ihnen binnen kürzester Zeit jede Sicht nahmen. Deswegen ist in den Hütten – übrigens auch auf dem norwegischem Festland – alles für den Notfall vorbereitet. Feuerholz ist überall vorhanden – von klein gespaltenem Holz zum Anfeuern bis zum dicken Holzscheit, das lange brennen soll. Jeder verlässt die Hütte in dem Zustand, in dem er sie bei einem Notfall vorzufinden wünscht.

So auch hier. Es sieht sauber und aufgeräumt, also einladend aus. Ein Etagenbett steht an der Wand gegenüber der Tür, unter dem kleinen Fenster ein Tisch. Eine Kerze darauf, die Streichhölzer daneben. Das Besteck ist ordentlich in die Schublade geräumt, die Töpfe sind wie zur Paradeabnahme an die Wand gehängt. Zu großem Hallo kommt es, als Falk am Kopfteil im unteren Bett ein Stück Spitzenunterwäsche angenagelt findet. Also denken die Männer hier doch nicht nur an Robben, Eisbären und Huskys!

Lebensmittel finden wir dagegen nicht. Kein einziger Krümel, kein Spaghettirest, keine Tütensuppe ist hier zurückgelassen worden. Das hat seinen Grund. Sogar kleinste Lebensmittelreste ziehen die Bären an. Selbst das Verbarrikadieren von Fenstern und Türen ist für Meister Petz kein unüberwindliches Hindernis. Südlich von Kap Auguste Viktoria sind wir auf eine Hütte gestoßen, die Besuch erhalten hatte von einem hungrigen oder neugierigen Bären. Da es ihm nicht gelungen war, durch die gut gesicherten Fenster und Türen zu steigen, hatte er ein riesiges Loch in eine Seitenwand und in den Hüttenboden gerissen.

Im Frühsommer 2001 ließen mehrere Bären im Südwesten Spitzbergens eine Schneise der Verwüstung hinter sich. Eine ganze Reihe Hütten fiel den weißen Vandalen zum Opfer, obwohl in ihnen keine oder kaum Lebensmittel lagerten. Warum die Bären gelegentlich eine derartige Zerstörungswut überfällt, ist kaum zu erklären.

Keine zehn Kilometer sind es jetzt noch zu unserem Ziel, der Hütte von Christiane Ritter. Eine Bärenspur führt in Schlangenlinien entlang des Wassers genau in unsere Richtung. Die Hunde sind nicht mehr zu lenken. Toivos und Pandas Nasen fegen den Spuren hinterher. Vorn pfeift man auf unsere Kommandos. Wir sind für die Hunde nicht mehr existent. Um dem ein Ende zu bereiten, schnalle ich mir die Skier unter und gebe den Hunden eine Spur vor. Mir ist es ganz recht, wenn ich jetzt allein und vorweg auf die Hütte zusteuern kann. Ein eigenartiges Gefühl steigt in mir hoch. Endlich befinde ich mich kurz vor dem Ort, der schon vor Jahrzehnten meine Fantasie beflügelte. Allein in einer kleinen Hütte in der Arktis zu überwintern, als arktischer Robinson Crusoe die Natur intensivst einzuatmen und alles daran setzen, mit ihr und in ihr zu leben – das war mein großer Traum!

Und jetzt laufe ich auf Skiern auf den Ort meines Traumes zu. Hinter mir hecheln die vier Gespanne. Was ist von der Hütte noch zu sehen? Vielleicht ist sie schon verfallen? Vielleicht hat ein Eisbär sie auseinander genommen? Oder ist sie baulich so verändert, dass nichts mehr an Christiane Ritters Beschreibungen erinnert? Unendlich träge kommt mir meine Geschwindigkeit vor. Eigentlich müsste ich die Hütte doch schon sehen! Die Spannung wächst fast unerträglich. Ich komme mir vor, als liefe ich auf einem Rollband immer auf der Stelle, als würde ich an einem Punkt festkleben. Ich bin tief in Gedanken versunken, das Wasser zu meiner Linken, die Schneekante, auf der ich laufe, die Berge zu meiner Rechten und das Hundehecheln verschwimmen zu einem vagen Hintergrund meiner inneren Welt. Nur das Geschrei der ab und an bei mir vorbeifliegenden oder vorbeischwimmenden Seevögel hält mich an der Oberfläche der Außenwelt. Wieder geht die Eisbärenspur durch die Senke eines Bachlaufs. Dann stechen mir zwei schwarze Punkte unweit der Strandlinie in die Augen. Die Hütte in Gråhuken! Und als sollte jeder meiner Zweifel zerstreut werden, reißt die Wolkendecke darüber auf, und ein Lichtstrahl erhellt das Vorland.

Als ich endlich vor der Hütte stehe, verfliegt der letzte Zweifel: Die schwarze Dachpappe umhüllt den Hüttenklotz genauso wie auf den alten Bildern festgehalten: » ... wie eine winzig kleine, angeschwemmte Kiste«, schrieb Christiane Ritter, und besser kann man die Hütte nicht beschreiben. Selbst wenn ich zwei kleine Erweiterungen feststelle und vor der Hütte noch ein kleiner Schuppen steht, der Grundeindruck ist der gleiche geblieben. Die Neuerungen können nichts an meinem Gefühl ändern, ich würde in die Geschichte und das Buch von Christiane Ritter eintauchen. An der Tür klebt der aus Holz geschnitzte Eisbär, den Jäger in der langen Polarnacht angefertigt haben, und draußen auf dem offenen Meer ziehen die Eisberge vorbei, als sei die Zeit in den letzten 70 Jahren stehen geblieben. Und das ist sie hier wohl auch.

Christiane und Herman Ritter

»Auffallend sind die Gesichter der beiden Welten ...Und
plötzlich wird mir klar, dass die Zivilisation unter einem
schweren Vitaminmangel leidet, weil sie ihre Kräfte zu
wenig direkt aus der ewig jungen, ewig wahren Natur
zu schöpfen vermag. Die Menschheit hat sich verstiegen in
Unnatur und Spekulation. Der tiefe Sinn, das Weltum-
wälzende der Mahnung: ›Werdet Bauern, begreift die
Heiligkeit der Erde!‹ wird mir heute erst so richtig klar.«

CHRISTIANE RITTER

Eigentlich sollte ich von Ehrfurcht ergriffen hier stehen. Doch jetzt,
da ich ihre Hütte im Schnee vor mir sehe, tritt mir Christiane Ritter,
ihr Leben in Gråhuken, wie sie es in ihrem Buch erzählt, sehr le-
bendig vor Augen. Ich würde mich nicht wundern, wenn sie die Tür
von drinnen öffnen und uns freundlich begrüßen würde.

Vor 25 Jahren bekam ich das Buch zum ersten Mal in die Hände.
Doch erst, als ich es zum zweiten oder dritten Mal las, wurde mir
richtig bewusst, was es für sie bedeutete, auf Spitzbergen zu überwintern, und welcher Mut damals erforderlich war, sich zu diesem
Schritt zu entschließen.

Welche Informationen über Spitzbergen standen ihr zur Verfügung? Konnte sie sich vorstellen, was auf sie zukommen würde?
Konnte sie sich vorstellen, was es heißt, sich einer extremen Naturerfahrung auszusetzen? Die Briefe ihres Mannes sprachen von seinen »Reisen zu Wasser und übers Eis, von den Tieren und dem Reiz
der Wildnis, von der seltsamen Beleuchtung der Landschaft, von der
seltsamen Beleuchtung des eigenen Ich in der Weltferne der Polarnacht«. War das eine Entscheidungshilfe?

Heute können wir auf eine Unmenge Literatur zurückgreifen, in der nahezu alles Wissenswerte zur Arktis und auch zu Spitzbergen steht. Heute gibt es im Vergleich zu damals nicht nur viel mehr zwischen zwei Buchdeckeln niedergeschriebene Informationen, Abhandlungen und Erfahrungsberichte. Jedem, der wissen möchte, wie es in der Arktis aussieht, steht auch ein entsprechendes Angebot zur Verfügung, seien es Bildbände, seien es Fernsehsendungen, Videos und Filme über die Arktis, über Expeditionen, die Tierwelt und Landschaft, über Bodenschätze und Wirtschaft. Im Internet liefert eine Webcam von Longyearbyen die aktuelle Aussicht ins Adventdal; präzise und aktuelle Wetterdaten sind problemlos abzurufen. Während wir uns heutzutage eine umfassende Vorstellung von Spitzbergen ebenso wie von anderen, für uns abgelegenen Erdteilen machen können, war es Christiane Ritter kaum möglich, ein – in unserem Sinne – realistisches Bild von einer Überwinterung auf Spitzbergen zu bekommen.

Christiane Ritter besaß keinerlei Erfahrung, was es heißt, draußen zu leben. Bei ihrer Ankunft in Gråhuken wusste sie noch nicht einmal, wie man in einen Schlafsack steigt. Natürlich war die Bindung der Menschen zur Natur, insbesondere in ländlichen Regionen, vor dem Zweiten Weltkrieg viel größer als heutzutage. Das alltägliche Leben gestaltete sich in Abhängigkeit von den natürlichen Bedingungen. Der Umgang der Menschen mit der Natur war folglich Teil des Alltags, und man wusste, wie man sich vor dem Wetter schützt. Auch ohne Etagenheizung und Goretex ist es damals Menschen geglückt, einen harten Winter zu überleben – so unglaublich das klingen mag.

Und deswegen erscheint es umso verwunderlicher, dass Christiane Ritter sich freiwillig den nördlichen Gewalten aussetzen wollte, denn wie unbarmherzig winterliche Kälte sein kann, das hatte sie in ihrer böhmischen Heimat erfahren.

Christiane Ritter, geborene Knoll, wurde 1897 in Karlsbad in eine wohlhabende, großbürgerliche Familie hineingeboren. Ihre Urgroßväter hatten beide eine Porzellanmanufaktur gegründet und zur Blüte gebracht – die Karlsbader Porzellanfabriken Pirkenhammer und Carl Knoll. Ihr Vater war ein bekannter Rechtsanwalt, die Mutter musisch vielseitig begabt. Beide Eltern widmeten den kulturellen Seiten des Lebens viel Zeit und Interesse, und in der Lützow-Villa, dem Wohnsitz der Familie, wurde musiziert, gemalt und Theater gespielt.

Zunächst wollte Christiane Tänzerin werden, doch dann erwachte ihr Interesse an den bildenden Künsten. Auf Kunstschulen in München und Wien erwarb sie Grundkenntnisse im Malen und in der Illustration. Im Alter von 20 Jahren heiratete sie Herman Ritter, der gerade sein Schiffsoffizierspatent in der Tasche hatte. Kurze Zeit später kam ihre Tochter Karin zur Welt. Doch mit einem Schiffsoffizier, der obendrein ständig mit wissenschaftlichen Expeditionen in der Arktis unterwegs ist oder dort als Trapper über das Eis zieht, kommt ein trautes Familienleben nur schwer zustande. Das war auch nicht ihr Lebensziel. Sowohl Herman als auch Christiane Ritter liebten ihre Unabhängigkeit und Selbständigkeit und respektierten die Lebenseinstellung des anderen. Eine Durchschnittsehe zu führen, in der sie zu Hause auf den Gatten wartete, das Essen auf dem Tisch – derartige Vorstellungen lagen Christiane Ritter fern. Auch wenn ihr Mann so weit fort war, blieb er ihr doch sehr nahe. Ein ausführlicher, inniger Briefwechsel ermöglichte es beiden, mit dem Partner zu »leben«, so viel seines Alltags, seiner Gedanken und Einsichten mitzuerleben, dass er nicht fremd wurde.

Sicher waren es mehrere Dinge, die in ihr den Entschluss reifen ließen, ein Jahr auf Spitzbergen zu verbringen. Ihren Ehemann Herman hatte sie seit längerem nicht mehr gesehen, und nichts wies darauf hin, dass er in absehbarer Zeit nach Karlsbad zu kommen gedachte. Seine Briefe weckten ihre Neugierde, und bestimmt wollte sie wissen, wie sein Umfeld dort aussah, wie er in diesem Umfeld lebte und warum das Leben in einer elementaren, dem Menschen feindlichen Natur eine solche Faszination auf ihn ausübte. Zudem werden seine Beschreibungen der arktischen Natur und des Lichts ihre künstlerische Seele angesprochen haben. Auch die Sehnsucht nach einer Befreiung von den Zwängen der Zivilisation, die viele Reisende in fremde Welten trieb, mag eine Rolle gespielt haben.

Dennoch kann nicht geleugnet werden, dass ihre Entscheidung von einer gehörigen Portion Naivität begleitet war. Manchmal ist eine gehörige Portion Naivität aber besser, als einen realistischen Blick auf die Zukunft zu werfen. Nur so gibt es immer wieder Herausforderungen, die überraschend über den Menschen hereinbrechen. Unvermittelt gerät er in Umstände, die seine ganze Energie, sein Wissen und vor allem sein Anpassungsvermögen fordern. Auf diese Weise eröffnet sich ihm eine Welt, die ihm sonst verschlossen bliebe, ja, von deren Existenz er sonst nichts ahnen würde.

Christiane Ritter bereute ihre Entscheidung schon bei der Ankunft des Schiffs in Gråhuken:

»Wirklich lässt sich da langsam in der Ferne ein öder, grauer, langgezogener Küstenstreifen erkennen und darauf, wie eine winzig kleine, angeschwemmte Kiste, das, was unsere Hütte sein soll. Alle Passagiere kommen an Deck und sehen mit dem gleichen starren Entsetzen auf die Küste ... Wir kommen der Küste näher. Sie wird mit zunehmender Deutlichkeit nicht einladender. Ein unübersehbares, flaches, dunkles Land. Ganz unvermittelt liegen darauf drei gewaltige, schwarze Berge, wie hingeschüttete Kohlenhaufen. Bis zur Hälfte sind sie gnädig bedeckt mit Nebel ... Ich muß mir alle Gewalt antun, um nicht mein Grausen und Entsetzen zu zeigen über all das Neue, das da auf mich einstürmt.«

So wird sie in das raue Leben auf Spitzbergen katapultiert, in eine Welt, die sie sich nicht im Entferntesten ausmalen konnte. Mit von der Partie ist der Jäger und Fallensteller Karl Nicolaisen, ein langjähriger Freund ihres Mannes. Beide bemühen sich redlich, Christiane so behutsam wie möglich in das für sie neue Leben einzuführen – während sie die Vorgehensweise der Männer als schonungslos empfindet! Nach dem ersten Schock beginnt sie langsam, für den empfänglichen Leser spürbar, das Besondere, die Schönheit und Erhabenheit ihrer neuen Umgebung nicht nur zu sehen, sondern auch sich damit auseinanderzusetzen und sie zu begreifen.

Ihr künstlerischer Sinn, ihre offene Art und ihr Verständnis für die praktischen Dinge des Lebens helfen ihr dabei, und schon bald schreibt sie: »... der Zauber der hellen arktischen Nacht empfängt uns ... Das blaue Licht gießt sich über die Landschaft und gibt ihr die verklärte Weichheit und Weihe, die alle Dinge hier oben in der hellen Nacht annehmen.«

Doch die Prüfungen sind hart und viele. Oftmals bleibt sie allein in der Hütte, während die Männer unterwegs sind, um die Vorbereitungen für die Überwinterung und die Jagdsaison zu treffen.

»Ich bin allein im rasenden Trommelfeuer eines Orkans ... Jedenfalls habe ich niemals etwas Ähnliches in Europa erlebt. Es klingt vom Inneren der Hütte aus, als führe man dauernd im Expresstempo über eiserne Brücken und durch brüllende Tunnels, die kein Ende nehmen ... Neun Tage und neun Nächte rast der Sturm ...«

Doch dann: »Und so arbeite ich Tag für Tag in den Stunden, da es noch dämmrig hell ist, draußen im Sturm, mit Kräften, die ich an mir nicht gekannt habe, mit einer Art wildem Draufgängertum, das mich täglich von neuem packt. Jeden Morgen habe ich das gleiche, fast zitternde Verlangen, mich hinauszustürzen in den Kampf ...«

Und in der geisterhaften Ruhe nach dem Sturm fragt sie sich: »Warum hat mich die Ruhe in der Natur so erschüttert? Weil der Sturm vorangegangen ist? Können wir wirklich nur in Gegensätzen intensiv leben? ...Vielleicht werden Menschen späterer Jahrhunderte in die Arktis gehen, so wie Menschen in biblischen Zeiten in die Wüste zogen, um zur Wahrheit zurückzufinden ...«

Die Allmacht der Natur, das bedingungslose Sich-Unterordnen des Menschen unter die natürlichen Kräfte der Arktis, geht auch ihr bald in Fleisch und Blut über. Die Natur wird der einzige Maßstab, von dem alles andere abhängt. Die Natur ist die Richtschnur, der Leitfaden, der allein den Weg vorzeichnet, den die Menschen zu gehen haben. Die Natur gibt erst, wenn es ihr passt, wenn die Zeit reif ist. Da hilft kein Klagen und Verzweifeln über das Wetter, die Eisverhältnisse oder die schwierige Nahrungsbeschaffung. Nichts ist damit zu ändern, nichts ist dadurch gewonnen. Die arktische Natur führt dem Menschen seine Grenzen vor Augen, er ist auf sich selbst zurückgeworfen.

Und so gleitet sie in ein neues Leben, dem sie früher verständnislos gegenübergestanden hat. Karl Nicolaisen beschreibt diese Metamorphose einige Jahre später einem Expeditionskameraden: »Ritters Frau wurde vom Polarleben derart aufgesogen, das sie nicht mehr nach Hause wollte.«

Doch nicht nur darin liegt das Besondere ihrer Überwinterung in der Arktis. Die Essenzen ihres Jahres auf Spitzbergen hat sie in ihrem Buch festgehalten, und sie machen das Buch so einmalig:

»Nein, die Arktis gibt ihr Geheimnis nicht her für den Preis einer Schiffskarte. Man muß hindurchgegangen sein durch die lange Nacht, durch die Stürme und die Zertrümmerung der menschlichen Selbstherrlichkeit. Man muß in das Totsein aller Dinge geblickt haben, um ihre Lebendigkeit zu erleben. In der Wiederkehr des Lichtes, im Zauber des Eises, im Lebensrhythmus der in der Wildnis belauschten Tiere, in der ganzen hier in Erscheinung tretenden Gesetzmäßigkeit alles Seins liegt das Geheimnis der Arktis und die gewaltige Schönheit ihrer Länder.«

Für Christiane Ritter war der Aufenthalt in der Arktis mit ihrer Rückkehr aus Spitzbergen und der Wiedereingliederung in den Alltag in Böhmen für immer zu Ende. Für ihren Mann ging es dort weiter. Herman Ritters Vorfahren mütterlicherseits kamen aus Schweden und Finnland. Die nordische Herkunft prägte sein Leben. »Meinen Vater hat es immer in den Norden gezogen. Sobald er eine längere Zeit zu Hause war, wurde er unruhig, und er musste wieder los«, erinnert sich seine Tochter Karin.

Als Offizier heuerte er auf großen Schiffen an und befuhr die Weltmeere. Durch seinen langjährigen Aufenthalt auf Spitzbergen zum Experten für die polaren Meere geworden, brachte ihn der Zweite Weltkrieg – Ironie des Schicksals – dorthin, wo er sich immer wohl gefühlt hatte: Nach dem Angriff auf die Sowjetunion benötigte die Wehrmacht verlässliche Wetterinformationen für die Kriegführung im Nordatlantik, und sie schickte Trupps auf die nördlichen Inseln und an die Küsten, um meteorologische Stationen aufzubauen. Herman Ritter wurde 1942 als Leiter eines solchen Trupps mit der Aufgabe betraut, eine Wetterstation auf Nordostgrönland zu errichten. In einer geschützten Bucht auf der Sabine-Insel ließen sich die Männer samt Schiff einfrieren und begannen mit der Wetterobservation und der Funkübermittlung der Wetterdaten. Ein Jahr später wurden sie von der nordostgrönländischen Schlittenpatrouille entdeckt, die die Amerikaner zum Schutz vor deutschen Wetter- und Bunkerstationen auf den Weg gebracht hatten. Sie bestand aus dänischen, grönländischen und norwegischen Jägern, die sich schon seit längerem in diesem Gebiet aufhielten.

Damit nahm die Odyssee Herman Ritters ihren Anfang, der gehofft hatte, mit Kompromissen die Kriegszeit hinter sich bringen zu können, ohne seine moralischen Grundwerte allzu sehr zu strapazieren. Spätestens als die Patrouille ihn entdeckte, geriet er jedoch zwischen zwei Fronten: die der Wehrmacht, der zu gehorchen ihm Verpflichtung war, und die seiner Jagdkameraden aus der Arktis. Durch die Dechiffrierung des Funkkodes der Schlittenpatrouille wusste Ritter, wer dazugehörte. Unter anderem auch Henry Rudi aus Tromsø, den er aus Jagdtagen in Spitzbergen kannte.

Um zu verhindern, dass die Existenz der Wetterstation den Alliierten bekannt würde, erhielt Herman Ritter Order, die Schlittenpatrouille gefangen zu nehmen. Auch wenn er bei der Einnahme ihrer Basisstation in Eskimones den Befehl gab, über die Köpfe der Leute in der Hütte zu schießen, wurde der Kopenhagener Eli Knutsen durch deutsche Kugeln getötet. Dies geschah offenbar ohne Absicht, führte Ritter aber überdeutlich vor Augen, dass Kompromisse im Krieg, wenn überhaupt, dann nur begrenzt möglich sind und er sich nun für eine Seite zu entscheiden hatte.

Herman Ritter wählt die Flucht vor der Wehrmacht. Er tarnte seine Flucht – die ihm in ihrer ganzen Bedeutung vielleicht erst allmählich bewusst wurde – als Inspektionsreise zum Auskundschaften von Jagdhütten. Bevor er sich mit einem Gefangenen der Schlittenpatrouille auf den Weg machte, ermöglichte er einem zweiten Gefangenen die Flucht mit einem Schlittengespann in das Inuitdorf Scoresbysund.

1500 Kilometer flüchteten sie kreuz und quer durch Nordostgrönland – eine Irrfahrt der inneren Zerrissenheit, ein Spiegelbild seines Ringens zwischen seiner Berufsauffassung als Offizier der Wehrmacht und der Freundschaft zu seinen Jagdkollegen der Arktis. Ein Unternehmen, das den Unterschied zwischen Gefangenem und Wärter verschwimmen ließ. Die acht Hunde vor dem Schlitten, die Erhabenheit der winterlichen Natur, die den Krieg der Menschen nicht kennt, und der harte Alltag der Männer führten die künstlichen Grenzen und die paradoxe Situation ad absurdum.

Zurück zur Wetterstation und in seine Stellung als Stationsleiter konnte und wollte er nicht mehr. »Für meinen Teil ist der Krieg hier zu Ende«, stellte er schließlich fest und ließ sich von seinem eigenen Gefangenen festnehmen. Mit vertauschten Rollen setzten sie die Schlittenexpedition nach Scoresbysund fort, wo er sich in amerikanische Gefangenschaft begab.

Zu dieser Zeit lebt Christiane Ritter bereits seit über zehn Jahren wieder in Böhmen. An die Heimkehr ihrer Mutter aus Spitzbergen kann sich die Tochter Karin Ritter noch gut erinnern: »Ich erwartete meine Mutter in dicke Robbenfelle eingehüllt wiederzusehen! Nach dem Überwinterungsjahr in einer kleinen Hütte auf Spitzbergen, den Briefen und Erzählungen konnte ich mir das mit meinen fünf Jahren gar nicht anders vorstellen! Als ich sie dann sah, trug sie nur ein leichtes weißes Leinenkostüm. Was für eine Enttäuschung!«

Wenn Karin Ritter von ihrer Mutter spricht, hat es nicht den Anschein, dass seit der Rückkehr 70 Jahre vergangen sind. Nicht, dass ihr die Arktis oder Spitzbergen nahe liegen würden. Die nördlichen Gefilde sind ihre Sache nicht. Doch dieses eine Jahr hat Spuren in der Familie hinterlassen.

»Meine Mutter sagte immer: ›Eigentlich sollte ein Jahr in der Arktis für jedermann obligatorisch sein! Dort würde jeder erfahren, was in der Welt wichtig ist und was nicht. Was zählt und worauf es im Leben ankommt. Jeder würde auf sein natürliches Maß reduziert werden!‹«

Da stellt sich die Frage, ob der einjährige Aufenthalt in Gråhuken Christiane Ritter verändert hat oder ob er ihre Wesenszüge bestätigt und vielleicht verstärkt hat. Vieles deutet auf Letzteres hin.

Materiellem gegenüber legte sie eine gewisse Gleichgültigkeit an den Tag, so als wären irdische Güter nicht nur nebensächlich, sondern manchmal direkt hinderlich, zumindest jedoch überflüssig. Das begann gleich nach ihrer Rückkehr aus Spitzbergen, als sie vor der gerade ausgekühlten Brandruine ihres Hauses stand. Sie beklagt nicht den Verlust der großen Villa, sondern freut sich über die heimelige Kleinheit des nun bezogenen winzigen Wirtschaftsgebäudes nebenan.

Bald sucht sie einen Verlag, der an der Herausgabe eines Buches mit ihren vielen Aquarellen aus Spitzbergen interessiert ist. »Mir ging es in erster Linie um die Bilder. Den Text zu schreiben war eine Sache von drei oder vier Monaten, und der Verlag hat ihn genommen, ohne groß etwas daran zu ändern.«

Das Buch findet breiten Anklang und wird in viele Sprachen übersetzt. »Readers Digest« veröffentlicht es in Auszügen. Von Christiane Ritters Erlebnissen ist selbst in japanischen Schriftzeichen zu lesen. Im deutschsprachigen Raum erweist sich das Buch als Longseller: Immer wieder bringt der Ullstein Verlag eine Neuauflage heraus.

Der Zweite Weltkrieg führt für viele Sudetendeutsche und auch für Christiane Ritter zu einschneidenden Veränderungen. Mit ihrer Aussiedlung verliert die Familie nicht nur ihr Zuhause, sondern praktisch ihre gesamte Habe. Im österreichischen Leoben, in einem Haus ihres Bruders, kommen sie unter. Leoben ist eine Industriestadt in der Steiermark, die nur wenig mit der – vergangenen – Pracht des weltbekannten Kurorts Karlsbad und Böhmens gemein hat. Doch dieser Umstand scheint sich nicht negativ auf sie auszuwirken. »Je größer der Besitz, je größer die Sorgen.« Das alte Haus, im strengen Biedermeier, steht in einem kleinen, verträumten Garten mit Blick auf die breite Mur, die behäbig durch Leoben fließt. Nach anfänglicher Enge richtet man sich gemütlich ein.

Herman Ritter kehrt bald nach Kriegsende aus amerikanischer Gefangenschaft zurück und schlägt sich zunächst mit kleinen Jobs bei der englischen Besatzungsmacht durch. Doch bald zieht es ihn wieder in die Ferne. Bis zu seiner Pensionierung fährt er als Erster Offizier über die Meere. Nur zwei- bis dreimal im Jahr kommt er nach Hause.

Viele ihrer inzwischen zahlreichen Leser aus dem In- und Ausland wenden sich in Briefen an Christiane Ritter. Für jede Antwort nimmt sie sich viel Zeit. Sie fühlt sich wohl am Schreibtisch, lebt dann selbstvergessen in ihrer kleinen Hütte auf Gråhuken und versinkt für Stunden im Schnee und Eis der Arktis.

Doch auch für eine andere Tätigkeit nimmt sich die Hausfrau Christiane Ritter Zeit. Seit ihrer Kindheit malt und zeichnet sie. Ganze Kinderbücher entstehen unter ihrem Pinsel, familiäre Ereignisse werden zeichnerisch festgehalten. Aus diesen Werken spricht wie auch schon aus den Aquarellen von Spitzbergen ihr sorgloses Jungsein. In den Bildern ist die Heiterkeit ihrer Texte wiederzufinden. Die Figuren stellt sie mit wenigen Strichen karikaturhaft da. Daran ist nichts Verletzendes, alles ist meist fröhlich und unbeschwert. Schafft sie sich durch das Malen wie auf Spitzbergen eine Welt, die, fernab von der Enge der europäischen Zivilisation, in starkem Maße der eigenen Kreativität gehorcht?

Das Leitmotiv ihres Lebens scheint in den Worten Hermann Hesses zu liegen: »Es geht im Leben nicht um Pfennige, es geht um die Sterne.«

Im April 1968 stirbt Herman Ritter 76-jährig. Nach seinem Tod schreibt der englische Autor David Howarth an Christiane: »Ich weiß, dass viele Menschen in vielen Ländern meine Bewunderung für Ihren Mann teilen, wegen seines Mutes und seiner hohen Prinzipien.«

Christiane Ritter zieht 1985 nach Wien. An ihrem Lebensabend wird sie aufopferungsvoll von ihrer Tochter gepflegt. Hier stirbt sie am 29. 12. 2000 im Alter von 102 Jahren.

Weder Christiane noch Herman Ritter haben Spitzbergen je wiedergesehen. »Meine Eltern haben sehr oft über den Winter in Gråhuken gesprochen. Das Jahr hatte in jeder Hinsicht einen tiefen Eindruck hinterlassen. Auch sprachen sie viel über die langen Abende, an denen sie alberne Spiele spielten und darüber Tränen lachten. Sie sehnten sich oft dorthin zurück.« So Karin Ritter heute über ihre Eltern.

Weiter auf Schnee und Eis

»Wie verschieden sind die Erlebnisse in der Arktis. Man
kann morden und fressen, man kann rechnen und messen,
man kann verrückt werden in Einsamkeit und Grauen,
man kann sicher auch verrückt werden vor Begeisterung
über allzu viel Schönheit. Sicherlich wird man aber niemals
in der Arktis etwas anderes erleben als das, was man selbst
in sie hineingetragen hat.«

CHRISTIANE RITTER

EINUNDZWANZIGSTER UND ZWEIUNDZWANZIGSTER TAG
Nach den Mühen der sechstägigen Hundeschlittentour, die uns bis
nach Gråhuken gebracht hat, verweilen wir hier zwei Tage. Es sind
Tage der Ruhe und Besinnung, aber auch der Vorbereitung auf die
kommende Etappe. Die Hunde liegen im Schnee, schlafen ausgie-
big und lassen kaum etwas von sich hören. Björn Terje und Jussi
nutzen die Gelegenheit für Skiausflüge in die nahen Berge und
entdecken Schneehühner, die ohne Scheu vor Jussis Kamera her-
stolzieren. »Ich möchte auf dieser Expedition nur ein einziges Bild
hinbekommen, das genau mein Spitzbergen wiedergibt«, wünscht
sich Jussi. Ob ihm das gelingen wird, wage ich zu bezweifeln. Dafür
sind die Eindrücke zu gewaltig und zu vielfältig. Doch insgeheim
hänge ich dem gleichen Traum nach. Auf dieser Tour wird er nicht
in Erfüllung gehen. Kann ich das Erlebte überhaupt auf einen Punkt
bringen? Kann ich die gewaltige, endlose Landschaft, die nicht abweisend, doch fast unnahbar auf mich wirkt, zusammen mit den
Hunden festhalten? Kann ich die Hunde so in der Landschaft fotografieren, dass sie als die Kraft deutlich werden, die mein Erleben
der Arktis erst ermöglicht? Selbst wenn die Komposition aus Licht,

Landschaft und Hunden in sich stimmig ist, so ist doch das, was der Mensch erlebt, mehr als nur ein visueller Eindruck. Wie ich das Erlebte wahrnehme, hängt auch davon ab, was ich vorher erlebt habe, wie es zu dieser Situation gekommen ist, von den Geräuschen, den Windverhältnissen, der Laune, in der ich mich befinde, meiner körperlichen Verfassung und vielem mehr. Will ich das alles auf einem Foto festhalten, muss ich die Außenperspektive einnehmen und prüfen, ob das Bild für einen neutralen Betrachter in seiner Vielschichtigkeit erfassbar ist. Diese Schwierigkeit tritt immer dann auf, wenn man von seinen Urlaubsbildern enttäuscht ist. Eben weil sie nur von einem winzig kleinen Teil der erlebten Situation erzählen.

Falk, Martin und ich verbringen viel Zeit in der Hütte, um die Stimmung, die von ihr ausgeht, auf die Videokassette zu bannen. Einerseits war die »angeschwemmte Kiste« eine klapprige Trutzburg gegen Eisbären und winterliche Stürme, andererseits strahlten die vier Wände damals für Christiane Ritter Gemütlichkeit und Geborgenheit aus. Letzteres zu zeigen, will uns absolut nicht gelingen. Vielleicht liegt es an der ständigen Helligkeit draußen, vielleicht an der Größe unserer Gruppe oder an der hohen Luftfeuchtigkeit in der Hütte, dass wir es nicht fertig bringen, diese Stimmung richtig einzufangen. Wir können nur schwer nachfühlen, wie Christiane Ritter die Tage allein im Sturm verbracht haben muss, wie die Hütte unter den über sie hinwegfegenden Sturmböen geächzt haben muss, wie unendlich allein und verlassen Christiane sich hier am Ende der Welt gefühlt haben muss. Und wie groß ihre Zuversicht, ihre Gewissheit gewesen sein muss, dass die Männer, irgendwo in der weißen Öde auf der Jagd, die Tage der Stürme wohlbehalten überstehen, den Rückweg antreten und gesund wieder zu ihr zurückkommen werden.

Hat sie niemals darüber nachgedacht, dass sie möglicherweise allein in der Hütte bleiben würde? Wenn sich einer der Männer da draußen ein Bein gebrochen hätte und der andere durch unsicheres Eis ins Wasser eingebrochen oder von einem Eisbären angegriffen worden wäre? Wenn die Männer nicht rechtzeitig in einer Hütte Schutz vor dem Sturm gefunden hätten und erfroren wären, wenn sie sich verirrt hätten ...? Und wie hat sie die unfassbare Leere der Stille nach dem Sturm empfunden? Wie stark muss ihr Glaube an sich selbst und an die Fähigkeiten der Männer gewesen sein! Oder war ihr, wie sie 1978 im Nachwort zu ihrem Buch schreibt, »die fühlbare Gegenwart eines Höheren« eine solche Gewissheit und Hilfe, dass sie in Zeiten der Einsamkeit nicht der Verzweiflung oder dem Wahnsinn verfiel?

Geschichten, wahre wie erfundene, über vermisste Kameraden, in den Wahnsinn getriebene Menschen, über hungernde oder kranke Jäger und Expeditionsteilnehmer auf Spitzbergen gibt es in Hülle und Fülle. Sie berichten von den enormen psychischen und körperlichen Belastungen, die manch einer nicht tragen konnte.

Erzählt wird zum Beispiel die Geschichte zweier Überwinterer, die sich im Südosten Spitzbergens eine Hütte bauten, um dort den Winter über gemeinsam zu jagen. Eines Abends kam einer der beiden nicht zurück. Der andere machte sich Sorgen, suchte und fand schließlich die Skispur seines Jagdkameraden. Doch die Spur endete im Nichts. Trotz intensiver Suche fand er nichts. Keine weitere Skispur, kein Kleidungsstück seines Kameraden, kein Zeichen, nichts. In der Hoffnung, der Kollege sei inzwischen heimgekehrt, lief er zur Hütte zurück. Dort war niemand, nur Leere und Einsamkeit. Verzweifelt wartete er weiter, dass sein Freund noch kommen würde, dass er sich vielleicht nur verlaufen und später zurückgefunden hätte. Seine Hoffnung schwand mit jeder Stunde, und irgendwann musste er sich der erbarmungslosen Wahrheit stellen, dass er nun allein sein würde. Da wird er auch an den Tag gedacht haben, an dem er der Familie die Botschaft zu überbringen hätte, dass der

Sohn, Bruder und Freund nicht mehr lebt, verschollen ist. Nicht unmöglich ist auch, dass er sich später gegen Verdächtigungen krimineller Art zur Wehr setzen musste. Und er wird sich vielleicht zeitlebens vorwerfen, dass er zu wenig getan hat, um das Verschwinden seines Kameraden zu verhindern, durch eine genaue Vereinbarung über die zu laufende Route, über den zeitlichen Rahmen seines Ausflugs, durch eine bessere Ausrüstung …

Überliefert ist auch die tragische Geschichte von der Überwinterung eines Paares, die Christiane Ritter erzählt: »Es war eine junge Frau aus Nordnorwegen, die ihren Mann nach Spitzbergen begleitet hatte. Im Herbst ruderte der Jäger auf die andere Seite des Fjords, um Fallen aufzustellen und ein deponiertes Fass Petroleum zu holen. Da kam das Treibeis in den Fjord, und der Jäger konnte nicht mehr zurück. Erst im Frühjahr, als das Eis festgefroren war, gelangte er zu Fuß heim. Die Frau hatte in der Winternacht ohne jeden Beistand ein Kind geboren. Das Kind lebt. Es ist inzwischen ein strammer Bursche geworden, aber die Frau ist seit dem Erlebnis der langen Nacht und aller ausgestandenen Ängste geistesgestört geblieben.«

Hingegen gelang es Christiane Ritter, die Überwinterung in Gråhuken zu meistern und die extreme Naturerfahrung für die Nachwelt eindrücklich festzuhalten. Ihr Mut zum Risiko und Vertrauen in sich selbst, ihre Sensibilität und ihr künstlerischer Sinn haben sie dazu befähigt. So völlig abgeschlossen von der zivilisierten Welt, wie sie das Jahr auf Spitzbergen verbracht hat, ist heute – auch annäherungsweise – eine Überwinterung in der Arktis weder praktisch noch mental wiederholbar.

Für uns ist der Aufenthalt in Gråhuken nicht nur ein Treffen mit der Geschichte, sondern auch von organisatorischem Belang. Hier übernehmen wir Verpflegung und Hundefutter für die zweite Etappe, das von fünf bis zum Rand beladenen Motorschlitten aus

Longyearbyen herantransportiert wird. Dafür benötigten sie mehrere Tage unter schwierigsten Bedingungen. Den Fahrern, vier Männern und einer Frau, sind die Anstrengungen ins Gesicht geschrieben.

An unserem letzten Abend in Gråhuken erhalten wir unerwarteten Besuch. Der Himmel ist mit grauen, tief liegenden Wolken bedeckt, was die Landschaft samt Himmel als eine einzige graue Masse erscheinen lässt. Da entdeckt einer von uns weit im Woodfjord einen dunklen Punkt, der sich in unsere Richtung bewegt. »Guckt mal, da hinten muss ein Motorschlitten sein, so schnell, wie er auf uns zukommt. Merkwürdig!« Daraufhin Chris, der durch das Fernglas schaut: »Von wegen Motorschlitten! Das ist ein Eisbär!« Ungläubig sehen wir anderen durch das Glas und überzeugen uns davon, dass Chris uns nicht auf die Schippe genommen hat.

Der leichte Wind kommt aus der Richtung des Bären. Er wittert uns nicht. Am Ufer des Fjords läuft er neugierig auf uns zu, mal nach links, mal nach rechts schauend. Dabei erreicht er eine für uns erstaunliche Schnelligkeit, die eine durchschnittliche Joggergeschwindigkeit bei weitem übertrifft.

Schnell laden wir die Gewehre und bereiten die Signalgeber mit den Schreckschüssen vor. Die Hunde schauen uns dabei irritiert zu. Die Ursache unseres Tuns begreifen sie erst, als sie Witterung aufnehmen. Offensichtlich können sie mit dem Geruch zunächst nicht viel anfangen. Als sie aber im Schnee ausmachen, wie sich der Eisbär auf uns zu bewegt, springen sie hoch, zerren an ihren kurzen Ketten und lassen das für Polarhunde typische quietschende Bellen vernehmen. Jetzt schaut auch der bis auf 150 Meter herangekommene Meister Petz verdutzt zu uns hoch: »Na, das ist ja ein überraschender Empfang auf Gråhuken!« Beim zweiten Hinsehen scheint ihn der Gedanke zu befallen, dass die große Zahl Hunde ihm lästig werden könnte. Rasch ändert er seinen Kurs, um im großen Bogen die Hütte samt den bellenden Wesen zu umrunden und Richtung Wijdefjord zu enteilen. Das passt mir gar nicht, denn dann würde er in unsere Geruchsfahne geraten, Witterung zum Beispiel von den Unmengen Hundefutter aufnehmen und sich seines Kohldampfs erinnern. Außerdem schlägt er genau die Richtung ein, in die wir morgen früh aufzubrechen gedenken. Spätestens dann würde es zu weiteren Kollisionen mit dem weißen Riesen kommen. So entschließe ich mich, den Bären per Schreckschuss in die Richtung zurückzujagen, aus der er gekommen ist.

Zunächst gibt es einen kleineren Knall, als ich die Schreckschusspatrone abschieße. Kurz vor dem Bären explodiert dann der eigentliche Unruhestifter mit einer Überzeugungskraft, die ihn auf der Stelle umkehren und zurück in den Woodfjord galoppieren lässt. Die Wirkung des Schreckschusses ist für uns alle sehr beruhigend.

Für unsere zweite Etappe, den Rückweg nach Longyearbyen, der »Hauptstadt« Spitzbergens, haben wir zwei mögliche Routen ausgearbeitet. Die sicherste führt zurück zum Mattilasodden und von dort aus durch das Gebirge der Halbinsel Andréeland in östlicher Richtung zum Wijdefjord, den wir durch das Purpurdalen erreichen würden. Von dort an sollte der Fjord vereist sein und könnte uns als Weg dienen.

Die zweite Variante führt von Gråhuken entlang des Wijdefjordufers nach Süden, bis zur Eiskante und dann weiter auf dem vereisten Fjord zum Mittag-Leffler-Breen-Gletschergebiet. Vom Erfolg unserer bisherigen Tour angespornt, scheint uns die erste Route absurd. Schließlich würde sie uns zunächst rund 50 Kilometer auf unseren eigenen Spuren zurück nach Süden bringen. Viel lieber wollen wir neue Wege gehen und uns unbekannte Landschaften sehen, auch wenn das Risiko besteht, dass wir am Fjord durch unpassierbare Uferabschnitte zur Umkehr gezwungen werden oder uns mühevoll quer durch die Halbinsel kämpfen müssen.

Der Himmel ist mit einer dicken, hellgrauen Wolkenschicht bedeckt, die im Norden dunkelblau und fast drohend über dem Meer hängt. An den beiden Tagen, die wir in Gråhuken verbracht haben, hat es stark geschneit. Der dichte Schnee hat der Landschaft alle Konturen genommen und sie in eine dicke, weiche Schicht Zuckerguss gehüllt, die alle von außen kommenden Geräusche schluckt. Nur das eigene Atmen und das Hecheln der Hunde dringen an unser Ohr. Lautlos brechen an der Eiskante des Ufers die Wellen. Lautlos gleiten die wenigen Seevögel durch die Luft. Selbst der Wind hat sich zur Ruhe gelegt. Ein Gefühl totaler Einsamkeit breitet sich aus. Es vermittelt den Eindruck einer Reise durch einen in sich geschlossenen Raum, der mit dem übrigen Universum nichts zu tun hat.

Doch diese Reise ist beschwerlich. Das hohe Gewicht des neu zugeladenen Hundefutters und unserer Verpflegung lässt die Schlitten tief in das lockere Weiß einsinken. Die Hunde des ersten Gespanns kämpfen um einen Platz auf den schmalen, aber festeren Skispuren, die Björn Terje und Martin am Uferstreifen entlang gezogen haben. Das Laufen in dem fast bodenlosen Schnee kostet Kraft. Auch wir hinter den Schlitten haben jede Menge zu tun und schon nach den ersten, leichten Steigungen unsere dicken Jacken ausgezogen. Immerzu müssen wir von den Schlitten springen, sie anschieben. Über weite Strecken versuchen wir, neben den Schlitten herzujoggen. Doch das zehrt im tiefen Schnee und mit den schweren Stiefeln an den Kräften. Und selbst wenn wir auf den Schlitten stehen, müssen wir aus Leibeskräften »in die Pedale treten«. Sonst wird den Hunden die Zuglast zu schwer, und sie würden irgendwann die Lust verlieren und aufgeben. Das darf niemals passieren.

Die Kunst des Schlittenfahrens besteht darin, dass der Musher die Motivation der Hunde richtig beurteilen und in jeder Situation stärken kann. Niemals dürfen die Hunde die Last als unerträglich schwer empfinden. Deswegen helfen wir ihnen heute besonders intensiv und legen immer wieder Pausen ein, bevor die Hunde von allein auf die Idee kommen könnten, dass sie verschnaufen wollen. Die Pausen benötigen aber nicht nur die Hunde, sondern auch wir. Denn wenn wir sie durch aufmunternde Befehle motivieren wollen, müssen wir selbst imstande sein, ihnen bei der praktischen Arbeit zu helfen. Wie ein nasser Sack auf den Kufen stehen und die Hunde verbal anfeuern, das wirkt auf sie extrem demotivierend. Nur wenn ich ihnen unter Einsatz meiner eigenen Kraft über eine schwierige Passage helfen kann, ist der Befehl positiv, da die Hunde dann merken, dass es, wenn sie meine aufmunternde Stimme hören, auch wirklich einfacher und schneller geht.

Genauso wichtig ist die Disziplin. Wenn ein Hund nach dem anderen zu einem seitlich aus dem Schnee ragenden Stein hinüberlaufen möchte, das Ziehen einstellt und die Mitziehenden an ihrer Arbeit hindert, dann empfinden diese die zusätzliche Zuglast als demotivierend. Schlimm wirkt sich auch ein ungeordneter Aufbruch nach einer Pause aus. Wenn der Befehl zum Losrennen nicht von allen Hunden gleichzeitig aufgenommen wird und nur die bestmotivierten Arbeiter vergebens an den Zugseilen zerren, kann man sich leicht vorstellen, wie sich eine solche Situation auf die Motivation der arbeitswilligsten Hunde auswirkt. Deswegen dürfen Befehle immer nur dann erteilt werden, wenn alle Hunde in der Lage sind, sie auszuführen, und der Musher dafür sorgen kann, dass sie ausgeführt werden. Bei einem Start nach einer Pause oder wenn wir im Stop-and-go-Rhythmus einen Berghang erklimmen, kann der Musher den Befehl zum Aufbruch erst geben, wenn jeder Hund seine Ohren spitzt. Gleichzeitig muss der Musher den schweren Schlitten mit einem ordentlichen Schub anschieben. Erst dann wird der Befehl von den Hunden als positiv verstanden.

Spät am Tag holen wir die beiden Skiläufer ein. Obwohl es noch immer ziemlich bewölkt ist und die Sonne nur hin und wieder hinter den Wolken hervorscheint, steigen die Temperaturen knapp über null Grad. Wenn wir nicht mehr über den Schnee gleiten können, sondern gehen müssen, beginnt er an den Skiern zu kleben. Den Hunden hängt die Zunge weit heraus. Und leider müssen wir an einer engen Stelle viele Höhenmeter hinaufsteigen, um dann auf einem schmalen Brett zwischen dem offenen Fjord und einem Steilhang vorsichtig weiter unserer Route nach Süden zu folgen. Plötzlich höre ich hinter mir lautes Rufen. Falk ist mit seinem Schlitten und einem Stück Schneebrett vom Ufer abgebrochen und treibt auf dem Fjord, während die Hunde mit ihren Krallen Halt auf dem festen Ufer suchen, um nicht ins Wasser gezogen zu werden. Mit einem Riesensatz bringt sich Falk – leicht panisch – in Sicherheit. Erleichtert sehen wir, dass das Schneebrett in der Dünung schaukelt, sich aber nicht weiter vom Ufer löst. Und schon werden erste Witze und Anspielungen laut. Sie vermuten einen Zusammenhang zwischen Falks Körpergewicht und der abgebrochenen Scholle, was Falk brüsk von sich weist. Seiner Meinung nach trage ich die alleinige Schuld an seinem Desaster, denn ich soll mit meinem Körpergewicht für viele, wenn auch kaum sichtbare Haarrisse im Schnee gesorgt haben. So löst sich die Spannung im allgemeinen Gelächter. Mit vereinten Kräften hieven wir den Schlitten wieder auf sicheren Schnee.

Die letzten Wolken verschwinden im Nichts, als wir unweit einer kleinen und etwas abgewrackten Hütte bei der in den Fjord ragenden kleinen Halbinsel Elvetangen unser Lager aufschlagen.

Immerhin haben die Hunde und wir unter solch schwierigen Bedingungen auch heute die Schlitten über 30 Kilometer weiterbefördert. Die zwei Ruhetage in Gråhuken machen sich bemerkbar, so dass wir unseren Tagesrhythmus auch trotz schwerer Schlitten und tiefen Schnees beibehalten können. Der Rhythmus sieht so aus: Morgens gegen acht Uhr wirft Falk ohne viel Aufhebens den Kocher an. Sobald die Geräusche auf eine Tasse Kaffee deuten, wacht einer nach dem anderen auf. Zum Schluss immer Chris, der – wenn es nach ihm ginge – sicher mehrere Tage hintereinander durchschlafen könnte. Unmittelbar nach dem Frühstück brechen die beiden Skiläufer auf. Die Übrigen trinken noch einen Kaffee, füllen die restlichen Thermoskannen mit heißem Tee und räumen das Zelt aus. Dann wird das Zelt in Nullkommanichts abgebaut. Die fünf Stangen belassen wir zur Hälfte in den Kanälen. Wir verstauen die ungefähr 1,70 Meter lange Wurst in einem ebenso langen Sack, der auf meinem Schlitten untergebracht wird. Diese Wurst ist etwas unhandlich. Indem die Stangen teilweise zusammengesteckt bleiben, wird aber der Aufbau – ganz besonders bei stürmischem Wetter – enorm verkürzt und lässt sich zum Beispiel mit Fäustlingen an den Händen bewerkstelligen. Chris ist für die Kocher zuständig und füllt jeden Morgen die Petroleumtanks auf. Wenn alles zusammengepackt ist, streifen wir den Hunden ihr Geschirr über und weisen ihnen ihren Platz vor den Schlitten zu. Wir befestigen das Geschirr an der Zugleine, das Halsband an der so genannten Halsleine. Als Letztes räumen wir das lange Stahlseil ein, dass zwischen zwei Holzpfähle (bei Schnee) oder mit Eisschrauben (auf Eis) gespannt worden ist. Ist alles getan, lösen wir die Anker, und ab geht die Post. Unterwegs sind wir meist zwischen acht und zehn Stunden, nur von einer oder mehreren kurzen Pausen unterbrochen. Das Tagesziel haben wir auf der Karte abgesteckt, nehmen es damit aber nicht so genau, denn manchmal sieht die Etappe anders aus als im Voraus geplant. Wir versuchen eigentlich immer so weit zu kommen, wie zu schaffen ist, ohne die Hunde zu stark zu belasten. Die zurückgelegte Kilometerzahl schwankt stark. Als Minimum notieren wir knapp 20, als Maximum 55 Kilometer.

Am neuen Lagerplatz angekommen, streifen wir den Hunden die Geschirre wieder ab und befestigen sie an dem ausgespannten Stahlseil. Meist dauert es nicht lange, bis alle Vierbeiner sich eine Schlafkuhle getreten und zu einem Nickerchen hingelegt haben. Da es uns mit dem Abnehmen der körperlichen Beanspruchung spürbar kühler vorkommt, ziehen wir nun unsere dicken Daunenwesten über, die die Kälte wirksam fernhalten.

Inzwischen ist das Zelt errichtet, und Falk hat den Kocher im Windschatten des Zelts aufgebaut, wenn das Wetter es erlaubt. Sonst kochen wir im Zelt.

Die meisten gehen ihren Aufgaben nach: Jussi liest das Thermometer, den Höhen- und Windmesser ab und schreibt das Wettertagebuch. Ich schreibe das Etappentagebuch, und Björn Terje macht sich an der Funkanlage zu schaffen. Martin fällt Falk mit seinem Mikrofon auf die Nerven, denn ausgerechnet heute stehen Kochgeräusche auf dem O-Ton-Programm. Chris schreibt auch einige Zeilen ins Tagebuch und versucht die Tiefen des GPS zu ergründen. Immer häufiger werfen die Teilnehmer prüfende Blicke auf Falk, um herauszufinden, wann es etwas zu essen gibt. Der Ruf, dass die Mahlzeit fertig ist, kommt meist erheblich später als vermutet. Dann aber als eine Art Rettung vor dem Hungertod.

Langsam werden die Hunde unruhig. Es ist Fütterungszeit! Wie auf Befehl veranstalten sie einen Heidenradau, als Jussi mit der Axt auf einen Schlitten zugeht und sie wissen, dass sie an der Reihe sind. Sieben Futterstangen fliegen aus der Futterkiste in den Schnee. Jussi zerteilt sie in drei gleich große Teile. Jeder nimmt sich einige Blöcke für sein Gespann und wirft jedem Hund einen zu. Schlagartig wird es still unter den Vierbeinern. Das gefrorene Futter verschwindet, von starken Backenzähnen zerkleinert, blitzschnell in den Mägen. Die Enttäuschung über die viel zu klein bemessene Menge ist den Hunden im Gesicht abzulesen. Sorgfältig suchen alle ihren Platz nach den letzten übrig gebliebenen Krumen ab, bis sie absolut nichts mehr finden können. Noch ein paar Drehmanöver, und sie begeben sich endgültig zur Nachtruhe.

Auch wenn die Futtermenge von rund einem Kilogramm pro Hund nicht gerade üppig erscheint, so enthält der Brocken doch alle notwendigen Aufbaustoffe. Im Gegensatz zu uns Menschen beziehen Hunde aus Kohlehydraten kaum Energie. Ein Nudelgericht nutzt den Hunden nichts. Allein Fett versorgt sie mit der nötigen Energie. Die Verteilung der verdaulichen Energie im Futter hat sich bei uns auf 65 Prozent Fett, 25 Prozent Proteine und 10 Prozent Kohlehydrate eingespielt.

Auf Expeditionen gibt es drei Möglichkeiten der Fütterung:

- Trockenfutter, dem Fett zugesetzt wird, um auf einen Fettanteil von 65 Prozent zu kommen. Dieses Futter hat den Vorteil, dass es im Verhältnis zur darin enthaltenen Energie leicht ist, da es kein Wasser enthält. Vor der Fütterung muss man ihm allerdings mindestens einen Liter Wasser zusetzen. Die Wassergewinnung ist jenseits der Baumgrenze sehr energie- und zeitaufwendig, sie erfordert große Kocher, viel Brennstoff und Schmelzkübel. Das zusammen wiegt viel und hebt den Gewichtsvorteil schnell wieder auf. Bei Unwettern ist das Schneeschmelzen in dieser Größenordnung kaum möglich.

- Jagen, um sich und die Schlittenhunde zu ernähren, ist in vielen Teilen der Arktis üblich, wenn auch für den Ungeübten kaum ertragreich. Besonders im April, wenn viele Robben auf dem Eis liegen, erweist sich die Jagd für den Könner als recht ergiebig. Außerhalb dieser Zeit ist das Jagdglück eher mager, besonders bei denen, die wenig Jagdpraxis in der Arktis und auf dem Eis vorzuweisen haben. Meine – wenn auch geringen – Jagderfahrungen haben gezeigt, dass Jagen unterwegs sehr zeitaufwendig ist und kaum so viel Nahrung für uns und die Hunde einbringt, wie es

Zeit beansprucht. Bei anhaltend schlechtem Wetter muss die Jagd ganz ausfallen. Für uns hat sich diese Frage gar nicht gestellt, da der Gouverneur in Spitzbergen um diese Jahreszeit für nicht Ansässige keine Jagdsondergenehmigung für Robben erteilt.

- Für diese Expedition haben wir eine Art Pemmikan hergestellt, der aber wenig mit dem traditionellen indianischen Verpflegungskonzentrat tierischen Ursprungs zu tun hat. Den entscheidenden Unterschied dürfte eine Geschmacksprobe rasch offenbaren. Auch benutzen wir kein getrocknetes Fleisch. Unser Pemmikan besteht zu rund 70 Prozent aus frischen Fleisch- und Schlachtabfällen, 20 Prozent Fisch und zehn Prozent angereicherter Getreidemischung und Vitaminzusätzen. Wasser haben wir nicht beigemischt, lediglich Robbenöl dient als Bindemittel der Mischung. Von dieser Mischung erhält jeder Hund in gefrorenem Zustand ungefähr ein Kilogramm – etwa 17 Megajoule.

Der Rest des Abends vergeht damit, dass wir die Ereignisse der heutigen Etappe Revue passieren lassen. Dabei stehen die Hunde im Mittelpunkt. Können wir die Knurrereien zwischen Kaifas und Meilo nicht verhindern, indem wir Milo einen Platz nach vorn rücken lassen? Oder kämpft Milo lieber mit dem Rücken zur Wand und fühlt sich nur ganz hinten im Gespann sicher? Verheilt Bens Schürfwunde, die er sich gestern an einem scharfen Stein zugezogen hat? Soll er besser einen Verband erhalten, oder kaut er sich den sowieso gleich wieder ab? Wird Pauli tatsächlich läufig? Wenn ja, muss sie allein laufen, denn der neben ihr platzierte Prikken wird sich kaum noch auf das Ziehen konzentrieren können. Dann müssen wir das ganze Gespann umstellen.

So etwa verlaufen die allabendlichen Debatten über die Hunde und die Gespanne. Langsam schwenkt die Diskussion zur kommenden Etappe über. Wer läuft während des ersten Abschnitts auf Skiern, und wer während des zweiten? Wie weit können wir kommen? »Wenn wir es morgen schon bis nach Straumtangen schaffen, könnten wir übermorgen bis nach Austfjordneset gelangen. Leider wissen wir nicht, von welchem Punkt aus wir auf dem Eis des Fjords fahren können.« Bei den Diskussionen beginnen viele Sätze mit »Wenn ...«. Alle möglichen Optionen der kommenden Route werden durchgespielt. Die wahrscheinlichsten schälen sich rasch heraus und werden vertieft. Ähnlich wie beim Schach versuchen wir die Gegebenheiten nach unserem nächsten Zug einzuschätzen, um den übernächsten planen zu können. Doch die Möglichkeiten nach nur zwei oder drei Zügen – oder bei uns Etappen – werden so komplex, dass jede weitere geplante Etappe eher hypothetische Züge annimmt.

Kurz vor dem Schlafengehen trinken wir noch einen heißen Tee, und die Gespräche schwenken in den persönlichen Bereich. Oder irgendjemand erzählt eine interessante Geschichte. Heute ist Falk an der Reihe, der sich während seines Lebens durch eine Unzahl von Metern Polarliteratur gearbeitet hat. Er meint, dass die Hütte in der Bucht, an der wir unser Lager aufgeschlagen haben, die legendäre »Villa Rave« sein muss, die Christiane Ritter in ihrem Buch erwähnt. Benannt ist sie nach dem Marinemaler Christopher Rave, der hier 1912/13 einige Monate mit dem Ozeanografen Dr. Hermann Rüdiger verbrachte. Die beiden waren Mitglieder der gescheiterten deutschen Arktis-Expedition unter der Leitung des Leutnants Schröder-Stranz. Sie hatten zusammen mit weiteren Teilnehmern ihr vom Eis eingeschlossenes Schiff *Herzog Ernst* verlassen, um sich auf dem Landweg nach Longyearbyen durchzuschlagen.

Im eisigen Frost des Frühwinters zog sich Rüdiger schwere Erfrierungen an Händen und Füßen zu. Rave kümmerte sich aufopfernd um den Patienten, fertigte ihm einen Spezialschuh, mit dem er über das Fjordeis und die Gletscher östlich des Wijdefjords zurück zum Schiff gelangte, das am nördlichen Ausgang der Hinlopenstraße im Sorgfjorden (nordöstliches Spitzbergen) festgefroren im Eis lag. Hier mit letzter Kraft angekommen, versuchte der medizinisch unkundige Rave einem Wundbrand bei Rüdiger vorzubeugen:

»Soeben habe ich den ersten Teil der Operation an Rüdigers Fuß vollendet. Auf einmal die ganze Vorderhälfte des linken Fußes zu beseitigen, wird für meine Nerven doch etwas zu viel. Einen Teil des schon faulen Fleisches habe ich entfernt und die Knochen bloßgelegt ...«

»Die Knochen am linken Fuß zu durchsägen, wagte ich bisher nicht. Infolgedessen ragen fünf Knochenstümpfe aus dem Fleische ... Am letzten Tag des alten Jahres habe ich noch den linken Fuß Rüdigers vorgenommen und die aus dem amputierten Fuß herausragenden fünf Knochen abgesägt. Es ging mit einer kleinen Metallsäge, die ich hatte, verhältnismäßig gut und schnell.«

Den Rest der medizinischen Schaffensperiode des Marinemalers Rave erspare ich dem Leser.

Die Tragik der Expedition bestand aus einem sich selbst vollkommen überschätzenden Abenteurertum, das unter insgesamt fünfzehn Expeditionsmitgliedern acht Todesfälle zur Folge hatte. Schröder-Stranz gehörte anscheinend zu den ersten Toten. Zusammen mit drei weiteren Teilnehmern ließ er sich am Nordkap Spitzbergens auf einer Eisscholle aussetzen und ward nie mehr gesehen.

Falk beschließt, in der Hütte zu übernachten. Doch sicher nicht nur ihm läuft die grausige Tragik der Expedition beim Einschlafen wie ein Film vor den Augen ab. Auf unserer Expedition kommen wir oft in Tuchfühlung mit der Geschichte.

VIERUNDZWANZIGSTER TAG

Einmal entlang des schmalen Uferstreifens, ein andermal auf den Schräghängen kommen wir immer schwieriger vorwärts. Hier sind die vorauslaufenden Skiläufer von unschätzbarem Wert. Zu zweit suchen sie nach Passagen für die schweren Schlitten und treten eine Orientierungsspur für die Hunde. Am steil zum Fjord abfallenden Berg Kronprins-Harald-Fjell gibt es nur eine Möglichkeit: hoch hinauf, denn weit über 100 Meter oberhalb des offenen Fjords müssen wir versuchen durchzukommen. Doch hier stoßen wir auf Geröllfelder, nur von einer sehr dünnen Schneeschicht bedeckt. Scharfkantige, spitze Steine schauen hervor. Chris und Jussi laufen den Hang hin und her, suchen eine schneebedeckte Passage. Die Geröllhalde ist keinen Kilometer breit, in der Ferne schimmert der zugefrorene Teil des Fjords herüber und verheißt das Ende der Strapazen. Nur dieser verhältnismäßig kurze, aber steinige Steilhang trennt uns davon. Umfahren können wir die wenigen 100 Meter scharfkantigen Geröllbodens nicht, es sei denn, wir würden umkehren und einen langen Umweg durch die Täler und Gletscher des Inlands in Kauf nehmen.

Bei den ersten Metern über die spitzen Steine sträuben sich mir die Nackenhaare. Die scharfkantigen Steine hobeln lange Plastikspäne von den Gleitbelägen der Kufen ab, fressen sich in den Gleitbelag, und der Schlitten sitzt fest. Zu viert helfen wir den Hunden, den bleischweren Schlitten von den Steinen zu ziehen. Meter für Meter schlängeln wir uns durch das Labyrinth. So sehr wir uns auch bemühen, die Schlitten von den schlimmsten Schuttfeldern fernzuhalten, immer wieder rutschen sie am Schräghang dorthin, wo wir sie absolut nicht sehen möchten. Viele Steine räumen wir fort, aber die Gleitbeläge verdienen schon bald ihren Namen nicht mehr. Unendlich langsam nähern wir uns dem Ende der Geröllfelder. Steil und steinig geht es zum Meer hinab. Viel zu heftig, um mit den Hunden hinunterzurasen. Die Bremse aus massivem Stahl könnte von einem Stein abgerissen oder beschädigt werden. Zusammen mit der hohen Geschwindigkeit sorgen unsere Schlittengewichte für eine Aufprallenergie, für die unsere Bremsen nicht geschaffen sind. Deswegen spannen wir die Zughunde aus. Nur die beiden Leithunde sollen den Schlitten nach unten führen. Keiner drängelt sich nach vorn, um den ersten Schlitten zu fahren. Das soll ich tun, denn ich hätte ja wohl »die meiste Erfahrung«. Shit!

Und ab geht die Post! In rasender Geschwindigkeit rumpele ich mit den Leithunden in die Tiefe. Ich bin dankbar, dass sie inzwischen zumindest einigermaßen auf meine Kommandos hören. Die Ideallinie nehmen sie zwar nicht, bleiben aber doch im Toleranzbereich meiner Anweisungen. Erst als ich unten richtigen Schnee unter der Bremse spüre und der Hang abflacht, wage ich wieder zu atmen. Geschafft!

Oben am Hang werden die Hunde meines Schlittens einer nach dem anderen losgelassen. Voller Begeisterung preschen sie, sich fast überkugelnd, nach unten, um mir mit wedelndem Schwanz in die Arme zu laufen.

Die nachfolgenden Schlitten halten sich an das gleiche Rezept. Von unten sieht die Sache in keiner Weise dramatisch aus. Wer aber oben auf dem Schlitten gestanden hat, weiß um das Gefühl quälender Ungewissheit, hier heil hinunterzukommen.

Nachdem alle Hunde wieder vor die Schlitten gespannt sind, zieht unsere Karawane langsam weiter. Nun führt unser Weg wieder am Wasser entlang, direkt unten am Fjord. War der Geröllschräghang das einzige große Hindernis am offenen Fjord? So sehr wir auch die Karte lesen und interpretieren, darauf finden wir keine klare Antwort. Auf dem vor uns liegenden Weg sind mehrere Stellen eingezeichnet, wo sich die Höhenlinien dicht hinunter zum Wasser ziehen. Ob es dort möglich ist, am Fjordufer entlangzufahren, ist nicht feststellbar. Bei dem Gedanken, dass sich vor uns eine unpassierbare Stelle befinden könnte, bekomme ich eine Gänsehaut. Denn dann müssten wir wohl oder übel über den Schräghang voller Geröll zurück und über die Inlandgletscher weiter nach Süden fahren. Nur, ist dann noch etwas übrig von den Gleitbelägen? Ich erinnere mich eines Gesprächs mit einem Hundeschlittenfahrer aus Longyearbyen, das wir im Januar über Funk geführt haben. Der erzählte uns, dass er in nur einer Woche zehn Millimeter dicke Beläge völlig zerschlissen habe.

Wir haben Glück. Entlang des Fjords kommen wir gut weiter. Abstecher in die Höhe sind nicht mehr nötig. Stunden später haben wir endlich das Fjordeis unter den Kufen. Ich könnte es küssen! Vor Freude führe ich einen wilden Tanz auf dem Schlitten vor.

Viele Kilometer schaffen wir heute nicht, obwohl wir es bis spät in den Abend hinein genießen, wie leicht wir auf dem ebenen Eis des Fjords vorwärts kommen – wenn auch die Schlitten mit ihren malträtierten Gleitbelägen deutlich langsamer über den Schnee gleiten. Als wir uns die Bescherung genauer ansehen, müssen wir feststellen, dass wir es immerhin geschafft haben, auf der Oberfläche der Gleitbeläge die zerklüftete Landschaft Spitzbergens in Miniatur einzugravieren. Wir fahren wie in einem Auto mit leicht angezogener Handbremse. Erschöpft, aber glücklich schlagen wir bei der Halbinsel Straumtangen das Lager auf.

Die Freude darüber, dass wir einen schwierigen Teilabschnitt erfolgreich hinter uns gebracht haben, ist im Team spürbar. Heute beschäftigen wir uns beim Ausschirren besonders viel mit den Hunden. Sie erhalten Sonderrationen an Streicheleinheiten, und die Lieblinge der einzelnen Expeditionsteilnehmer freuen sich über noch mehr Zuwendung als sonst. Aus dem Wissen, dass wir völlig von den Hunden abhängig sind, erwächst eine tiefe Dankbarkeit für ihren schonungslosen Einsatz. Jeder einzelne Hund hat sich bisher bei der Arbeit auf Spitzbergen hervorragend bewährt. Selbst Karro, ein pfiffiger, fast weißer Hund aus Chris' Gespann, hat sich inzwischen an die Expeditionsroutine gewöhnt. In den ersten Tagen hing seine Zugleine öfter durch, die Lustlosigkeit stand ihm geradezu im

Gesicht geschrieben. Das hat sich nun vollständig geändert. Jetzt steht er, genauso wie seine Kameraden, jeden Morgen ungeduldig vor dem Schlitten und wartet auf den Anpfiff zum großen Einsatz. Den ganzen Tag über lässt er in seinem Eifer nicht locker.

Jeder von uns hat seinen Liebling im Gespann, dem besondere Aufmerksamkeit zuteil wird. Die Hunde vertrauen jedem von uns. Sie sind völlig entspannt. Beim Ausschirren legen sie sich oft auf den Rücken, wobei sie genau wissen, dass sich das Ausschirren nun viel schwieriger gestaltet. Der Musher ist nämlich gezwungen, den Hund hin und her zu drehen, ihn am Kopf hochzuheben und anderes mehr. Dabei bekommt der Hund viel mehr Aufmerksamkeit ab, wird zum Beispiel viel häufiger an der dem Musher entgegengestreckten Brust und am Hals gestreichelt, als wenn er vorschriftsmäßig stehen würde. Und da die Hunde nun einmal schmusebedürftig sind, legen sie sich eben hin und unternehmen alles, damit das Ausschirren möglichst lange dauert.

Auf unserem Zeltplatz am Ufer des Fjords liegt kein tiefer Schnee. Jede Menge angeschwemmtes Holz ragt aus dem Schnee hervor, und einiges hat sich ofenfertig auf dem Geröll verteilt. Jussi und Chris sammeln einen Haufen Holz auf und spalten die dicksten Prügel. Schon bald brennt ein Feuer, und rings um das prasselnde Holz bringen wir die feuchten Schuhe und Socken in Stellung, damit sie ein wenig trocknen. Während der Vorbereitungen zur Expedition habe ich niemals an windstille Lagerfeuerabende gedacht, bei denen sich alle Schwierigkeiten, ob bewältigt oder noch vor uns liegend, vor einem gewaltigen Panorama in der Idylle eines gemütlichen Feuers auflösen. Vor mir flackert das Lagerfeuer, dahinter dösen die Hunde und verdauen das Hundefutter, dann steht dort das Zelt, unsere Trutzburg gegen Wind und Wetter. Dahinter erstreckt sich der zwölf Kilometer breite vereiste Fjord, am anderen Ufer die Berge und Gletscher, die nun am Abend, von der tief stehenden

Sonne in ein warmes Licht getaucht, den Horizont bilden. Eine viel zu imposante, viel zu freundliche Landschaft, als dass wir an die hinter uns liegenden Schwierigkeiten noch viele Gedanken verschwenden würden.

FÜNFUNDZWANZIGSTER TAG

Früh am morgen schnallen Jussi und ich die Ski unter und machen uns auf den Weg nach Süden. Unser Ziel ist das über 50 Kilometer entfernte Austfjordneset. Dort liegt die nördlichste bewohnte Trapperstation auf Spitzbergen. Bei Anton Trøyen haben wir über eine immer wieder unterbrochene Telefon-/Funkverbindung Robbenfleisch für die Hunde bestellt.

Schon bald nach dem Start ziehen wir unsere Jacken aus und laufen in dünnen Hemden weiter. Die Sonne brennt schon am Vormittag auf uns herunter. Der weiße Schnee reflektiert das Licht und die Wärme.

Gleichmäßig ziehen wir unsere Skispur über das ebene Eis. Die Robben, als schwarze Punkte erkennbar, sind die einzigen farblichen Nuancen auf der unendlichen Fläche des gefrorenen Fjords. Eisbärenspuren ziehen von Atemloch zu Atemloch. Ganz selten fliegen Seevögel über das gleißende Weiß, sonst findet das Auge keinerlei Abwechslung. In der Ferne können wir sehen, wohin wir wollen und woher wir gekommen sind. Irgendwann erblicken wir die Schlitten – kleine schwarze Punkte auch sie –, wie sie von unserem Lagerplatz aufbrechen. Aber es werden noch Stunden vergehen, bis sie uns erreichen.

Ab und zu erschweren Felder aus Schollen, die sich übereinander geschoben haben und dann zusammengefroren sind, das Fortkommen. Nun zeigt sich deutlich die Überlegenheit von Jussis Skikünsten. Genau wie Björn Terje verringert er bei solchen Hindernissen seine Geschwindigkeit nicht, zumindest nicht merkbar. Unglaublich sicher fährt er über die kreuz und quer liegenden Schollen. Wie auf Schienen gleiten seine Skier darüber hinweg. Hier bewahrheitet sich einmal mehr das Gerücht, dass die Skandinavier schon mit den Laufbrettern an den Füßen geboren sein sollen.

Besuch bei einem Trapper

»Die Positiven unter den Überwinterern werden sich immer wieder instinktiv einen Wirkungs- und somit Wirklichkeits-kreis schaffen, in den sie sich retten, solange alle Anregung von außen fehlt. Derjenige, der Vergnügen findet am Medi-tieren, wird sich in sich selbst zurückziehen, in Regionen von erstaunlicher Helle; aber derjenige, der gewöhnt ist, seinen Hang zum Nichtstun nachzugehen, wird die große Gefahr laufen, sich an das Nichts zu verlieren, seinen Sinn allen Wahnbildern der überspannten Nerven auszuliefern.«

CHRISTIANE RITTER

Nur ein schmaler Streifen Eis und Schnee am Ufer des Wijdefjords bleibt uns, um die Hunde festzumachen und das Zelt aufzustellen. Das Gelände um die Trapperstation hat Frau Holle übersehen. Graue Geröllhalden liegen schneefrei in der Abendsonne. Größer kann der Kontrast zu dem nur 110 Kilometer entfernt liegenden Gråhuken, wo wir fast bis zu den Knien im Schnee versunken sind, kaum sein!

In die am Ufer aufgetürmten Eisschollen bohren wir Eis-schrauben aus Titan, an denen die Hundeketten befestigt werden. Hier hat sich ein wenig Schnee gesammelt, mit dem die Hunde ihren Durst löschen. Doch in den kommenden Stunden erweist sich, dass der Ruheplatz nicht für alle Gespanne geeignet ist. Als sich das Eis durch die Gezeiten zu heben und zu senken beginnt, werden einige Hunde unruhig. Ihnen ist der schwankende Unter-grund, der obendrein auch noch merkwürdige Geräusche von sich gibt, nicht geheuer. Später finden wir Plätze, wo sich alle Hunde wohl fühlen.

Wir sind gerade mit dem Zeltaufbau beschäftigt, als Anton Trøyen, der Trapper, mit seinem Gespann von der Robbenjagd heimkehrt. Drei dieser Meeressäuger liegen noch blutend auf dem Eistransporter. Anton hält direkt vor dem Robbengestell, an dem schon mehrere enthäutete Tiere hoch oben, unerreichbar für die Eisbären hängen.

Die Begrüßung fällt recht emotionslos aus, eben skandinavisch. Doch Anton ist gesprächig. Das Alleinsein während der langen Polarnacht hat ihn mitteilsam gemacht. »Nein, einsam bin ich hier nicht«, erzählt er, »jedenfalls fühle ich mich nicht so. Meine 15 Huskys sowie die Eisbären und Rentiere, die mich ständig besuchen, reichen mir.« Das Weihnachtsfest hat für Anton noch nie eine Bedeutung besessen, und so ist ihm selbst in dieser stillen, dunklen Zeit die Decke nicht auf den Kopf gefallen.

Außerdem hat er jede Menge zu tun. In erster Linie jagen und Fallen stellen. Mit den weißen Polarfuchsfellen, die zum Trocknen im Wind baumeln, erzielt er sein Einkommen. Schneehühner und Robben dienen ihm und den Hunden als Nahrung.

Im kurzem Sommer wohnt er in Longyearbyen, wo er mit Zimmermannsarbeiten seine Kasse aufbessert.

Anton kommt aus Südnorwegen. Doch dort hat er sich nicht wohl gefühlt. Er ist jemand, der erst in der einsamen Natur auflebt. Am Leben draußen zählt für ihn am meisten das Naturerlebnis. Und das zusammen mit seinen Hunden, die er innig liebt. Schon mit 16 Jahren hat er seinen ersten eigenen Schlittenhund besessen. Eine Zeit lang hat er an Hunderennen teilgenommen, konnte dafür aber keine rechte Begeisterung aufbringen: »Im Grunde genommen ist es ja egal, ob du mit den Hunden eine Stunde früher oder später ein Ziel erreichst. Wichtig ist einzig und allein, dass du dort ankommst, wo du ankommen möchtest, und das selbst unter den widrigsten Bedingungen.«

Seinen 15 Hunden hat er nur wenige Meter von der Hütte entfernt einen Ruheplatz eingerichtet. Dort sind sie angekettet, bei schlechtem Wetter steht jedem sogar eine komfortable Hütte zur Verfügung. Und stürmen kann es hier heftig, berichtet Anton. Dagegen hat es nur wenige Male längere Zeit geschneit, und nie ist der Schnee liegen geblieben. Jedes Mal hat der Wind ihn weggeblasen. Anton musste daher schon oft seine Kufenbeläge wechseln. Sein Gespann benötigt er nämlich dazu, vom nahen Gletscher Eis für sich und die Hunde zu holen. Einen Bach, Fluss oder eine andere Trinkwasserquelle gibt es nicht. Jeden Schluck Trinkwasser muss er in Form von Eis umständlich vom Gletscher heranschaffen.

Außerdem braucht er die Hunde zur Robbenjagd. Er fährt mit dem Gespann auf den vereisten Fjord bis in die Nähe der Robben. Etwas von ihnen entfernt lässt er den Schlitten stehen, nimmt einen Minischlitten, der nur aus zwei verbundenen Skikufen besteht, und legt sich flach darauf, mit dem Gewehr im Anschlag. Vorn schützt ihn ein kleines Segel davor, von den Robben entdeckt zu werden. Durch einen Schlitz im Segel schiebt er das Gewehr. »Eine sichere Sache, wenn die Hunde tun, was sie sollen«, erklärt er uns. Die Hunde müssen lautlos auf dem Fleck stehen bleiben, den er ihnen zugewiesen hat. Erst wenn der Schuss fällt, sollen sie aufspringen und zu ihm rennen, damit er die Robbe auf den Schlitten laden kann. Für mich und meine Hunde eine undenkbare Form der Teamarbeit, von dem hohen Grad an Disziplin sind wir weit entfernt.

Sein Schlitten, sein Equipment und die ganze Station sind durch und durch zweckgeprägt. Schnörkel oder Verzierungen gibt es nicht, Anstrengungen, damit etwas »schöner aussieht«, auch nicht. Hier hängt und liegt alles an seinem Platz, praktisch angeordnet und durchorganisiert.

Die rostige Winchester hängt griffbereit und geladen am Hütteneingang, für den Fall, dass ein Eisbär zu Besuch kommt, was im

Hochwinter regelmäßig geschieht. Die Bären sehen nach, ob die Hunde etwas zu fressen übrig gelassen haben, greifen aber nicht an. Die Hunde hätten die Bären zunächst aggressiv angeknurrt und angebellt, erzählt Anton. Er hat die Bären dann mit einem Schreckschuss verjagt, damit sie nicht heimisch werden und auf ihrer Suche nach Fressen keine Zerstörungen anrichten. Der Knall jagte aber nicht nur den Bären, sondern auch den Hunden einen gehörigen Schrecken ein. Nun klemmen sie den Schwanz ein, sobald sich ein Bär nähert, denn sie wissen, dass sie gleich den fürchterlichen Knall hören werden.

Zu Antons regelmäßigen Besuchern zählt auch eine kleine Herde Rentiere. Davon können wir uns am Abend überzeugen. Die Herde besteht aus zwölf Tieren und bewegt sich langsam, den Kopf nach unten und grasend, auf die Hütte zu. Um die Hunde kümmert sie sich nicht und auch nicht um uns, solange wir nicht näher als 50 Meter an sie herankommen. Wir fragen uns, was sie zwischen den Steinen zu fressen finden. Kaum sichtbar wachsen dort zarteste Grashalme und ein wenig Moos. Wie sich die Rentiere davon ernähren können, gibt mir Rätsel auf. Bei uns in Nordnorwegen habe ich ihre Genügsamkeit kennen gelernt. Dass sie fast von nichts leben können, erfahre ich erst hier.

Die Rentiere hier sind weit weniger scheu, als ich es vom skandinavischen Festland gewohnt bin. Ein gewisses Phlegma sorgt für sparsamen Energieverbrauch, denn im Winter ist Nahrung knapp, und da heißt es: Energie sparen! Voreilige Fluchtversuche verbieten sich unter solchen Umständen von selbst – ein Grund dafür, dass Rentierfleisch immer auf dem Speisezettel der Jäger stand. Durch die starke Bejagung wurde der Bestand schnell dezimiert. Als die Rentierjagd 1925 verboten wurde, gab es nur noch etwa 1000 Tiere. Das Jagdverbot hat sich ausgezahlt, denn heute umfasst der Rentierbestand wieder rund 10000 Tiere. Damit scheint die vom

Nahrungsangebot Spitzbergens bestimmte natürliche Grenze des Bestands erreicht zu sein. Seit kurzem ist die Rentierjagd in stark reglementierter Form aus wissenschaftlichen Gründen wieder zugelassen. So möchte man unter anderem herausfinden, wie lange der Bestand in einer bestimmten Region braucht, um wieder seine ursprüngliche Größe zu erreichen.

Ein weiterer Besucher Antons, allerdings ein seltener, ist der Sysselmann, der Gouverneur Spitzbergens. Zu Weihnachten fliegt er mit seinem Hubschrauber alle Stationen an. Im Sommer kommt einmal sein Schiff vorbei, wenn der Fjord auch in Höhe von Antons Station aufgetaut ist. Das Schiff liefert dann alles, was er für ein Jahr benötigt. Zwischen diesen Besuchen ist es still. Den Kontakt zur Außenwelt hält Anton, wenn die atmosphärischen Störungen es zulassen, per Funkgerät. Wie wir schon erfahren mussten, ist das nicht immer der Fall. Ein kleines Windrad liefert den Strom für das Gerät.

Die Hütte wird ausschließlich mit Holz beheizt. Sobald der Fjord eisfrei ist, geht es ans Holzsammeln. Mit seinem Boot sucht Anton die Strände nach Treibholz ab, rollt es ins Wasser und schleppt es per Boot Richtung Hütte. Die Hunde zerren das Holz vom Wasser hoch zur Hütte, wo es zersägt und gespalten wird. Lampe und Kocher werden mit Petroleum betrieben, das das Schiff des Sysselmanns im Fass anliefert.

Trotz der einfachen, den Erfordernissen des Alltags angepassten Einrichtung wirkt die Hütte gemütlich. Man sieht ihr an, dass sie fast durchgängig bewohnt gewesen ist und jeder Trapper seinen Teil zur Wohnlichkeit und gegen den Verfall beigetragen hat. Anton lebt hier seit gut einem halben Jahr.

Die Hütte besteht aus einer beheizten und einer unbeheizten Hälfte, die Werkstatt und Vorratsraum umfasst. Mittelpunkt des beheizten Teils bildet der Aufenthaltsraum von etwa 15 Quadrat-

metern. Ein Tisch, eine gepolsterte Bank, zwei Stühle, eine Art
Bank, auf der Munition, Bücher und Funkgerät lagern, und eine
Kommode füllen den Raum sowie, nicht zu vergessen, ein zum Heizen, Kochen und Backen geeigneter Ofen. Links vom Ofen liegt die
kleine Küche, in der ein einflammiger Petroleumkocher den Vorsitz
einnimmt. Allerlei Regale mit Gewürzen und Geschirr zeugen davon, dass weder ein Pizzaservice noch der Bäcker direkt um die Ecke
liegen. Hier gilt das Motto »Selbst ist der Mann«, und zwar vom
Backen bis zum Nähen, vom Tischlern bis zum Kochen.

SECHSUNDZWANZIGSTER TAG

Wir verbringen zwei schöne, interessante Tage bei Anton. Anfangs
bin ich ein wenig unsicher, ob ihn unser Besuch nicht stört. Schließlich hat er bewusst die Einsamkeit gesucht und in seinem Garten
keinen offiziellen Zeltplatz eingerichtet. Doch meine Bedenken
werden schnell zerstreut. Anton ist ein Mensch, der gern aus seinem
Leben und von seinen Erfahrungen erzählt und sich auch lebhaft für
die Erfahrungen anderer interessiert. In zahlreichen Gesprächen
tauschen wir Informationen über die Hunde aus. Wer welche Hunde
woher erhalten hat, welche Linie verfolgt wird und woher diese
kommt. Interessant ist für mich auch die Bauart seiner Schlitten, die
den Inuitschlitten ähneln und sich im Kufenbereich erheblich von
meinen unterscheiden. Meine Schlitten habe ich für die Tundra und
die Region an der Baumgrenze konzipiert, während Antons Bauart
viel besser für vereiste Fjorde geeignet ist.

Heute Abend sollen wir die Filets einer seiner frisch gefangenen Robben probieren. Anton lässt sein Messer zwischen Fleisch
und speckigem Haarkleid entlangflitzen. Aus einem dunkelroten
Fleischklumpen trennt er die Filets heraus. Der Rest des Robben-
fleisches dient als Hundefutter. Falk schneidet das fast schwarze
Fleisch sorgfältig auf und brät es in unserer Pfanne. Dazu gibt es

Rührei mit Schwarzbrot. Für uns stellen die Filets eine äußerst delikate Abwechslung dar, für Anton ist das Rührei der kulinarische Höhepunkt. Man liebt immer das am meisten, was man am längsten zu entbehren hatte!

Antons Lebensweise und Christiane Ritters Überwinterung sind uns Anlass lebhafter Diskussionen. Uns allen erscheint es durchaus verlockend, eine gewisse Zeit oder einen Winter auf Spitzbergen zu verbringen. Aber nicht länger als ein Jahr. Und nicht allein. Die Frau oder die Freundin sollte schon mit dabei sein. Wir möchten uns nicht vollkommen aus der Welt ausklinken, sondern zu zweit die absolute Ruhe und die Abgeschiedenheit von der Zivilisation genießen. Die Natur für längere Zeit uneingeschränkt auf sich wirken lassen, darin läge für die meisten von uns der Sinn einer Überwinterung in der Arktis.

Die Erinnerung an meine einjährige Wanderung durch Norwegen wird in mir wach. Auch damals ging es mir darum, alle vier Jahreszeiten draußen zu erleben und zu leben. Acht Monate lang war ich allein unterwegs. Das hat mir nichts ausgemacht, solange ich mich ständig auf der Wanderschaft befand. Im Gegenteil, ich habe es als wohltuend empfunden. Problematisch wurde es erst in der Polarnacht. Für die Monate Dezember und Januar quartierte ich mich in das verlassene Fischerdorf Nyksund auf der Inselgruppe der Vesterålen ein. Meine Wanderung wollte ich nicht fortsetzen, da die wenigen Stunden Helligkeit nördlich des Polarkreises nicht ausreichen, um die Etappen zwischen den weit verstreuten Orten in der gebotenen Frist zurückzulegen. Dazu kam, dass ich, nachdem ich knapp 2500 Kilometer unterwegs gewesen war, eine gewisse körperliche Erschöpfung empfand. In Nyksund musste ich mich auf einen gänzlich veränderten Alltag einstellen. Außer Feuerholz sammeln, der wöchentlichen Wanderung zum nächsten Laden und dem zaghaften Versuch, mein erstes Buch zu schreiben, hatte ich nichts zu tun. Dazu kam die stetig zunehmende Dunkelheit, die vor Weihnachten nur noch von einer dreistündigen relativen Helligkeit unterbrochen wurde. Damals fiel mir die Einsamkeit nicht leicht. Weil ich nicht ständig beschäftigt war, wurde sie mir erst richtig bewusst. Schließlich erreichte mich ein Paket mit Büchern aus der alten Heimat, das mir dabei half, meine finsteren Gedanken aufzuhellen und Mut und Kraft zu sammeln für die letzte und schwierigste Etappe von über 1000 Kilometern bis zur russischen Grenze.

Anton empfindet die Einsamkeit, wie er sagt, niemals als bedrückend, und er kennt auch keine Langeweile. Das verdankt er sicherlich seinen Hunden, um die er sich täglich kümmern muss und mit denen er oft unterwegs ist. Außerdem baut er die Hütte um und isoliert sie gegen die beißende Kälte des Hochwinters. Und dennoch, es wird ruhigere Zeiten geben. Die Wochen absoluter Dunkelheit, die Polarnacht, in der du nur in Nächten, die der Vollmond erhellt – wenn die Wolkendecke nicht zu dicht ist –, draußen etwas sehen und unternehmen kannst. Und dann kommt Weihnachten. Das Familienfest, bei dem du dir vielleicht etwas besonders Schönes gönnst und an deine Angehörigen und Freunde zu Hause denkst, sie sicherlich vermissen wirst. Wer sich hier im Eis allein über so viele Monate wohl fühlt, der muss schon aus einem besonderen Holz geschnitzt sein. Du kannst deinen Alltag noch so gut durchstrukturieren und dir für alle Lebenslagen die verschiedenartigsten Beschäftigungen ausdenken. Entscheidend sind Energie und Unternehmungslust. Sie dürfen niemals verlöschen.

SIEBENUNDZWANZIGSTER TAG

Den zweiten Tag bei Anton verbringen wir als Ruhetag. Erst kurz vor Mitternacht, wenn die Temperaturen deutlich unter den Gefrierpunkt sinken, wollen wir zu einer neuen Etappe aufbrechen. Auf den letzten Tagesetappen hing den Hunden die Zunge immer weit heraus, und wir mussten ständig anhalten, damit sie Schnee fressen konnten. Durch die Wärme verlieren sie nicht nur viel Feuchtigkeit, auch ihre Motivation nimmt spürbar ab. Nachts, wenn die Sonne tief oder hinter dem Horizont steht, wird es kalt, und das ist den Hunden zum Arbeiten viel lieber.

Auch uns haben die Sonnenstrahlen vor allem um die Mittagszeit zugesetzt. Die Skiläufer hätten unterwegs gern mehr getrunken, die mitgenommenen Thermoskannen reichten nicht aus, denn bei den Anstrengungen und Temperaturen leicht über null Grad haben wir stark geschwitzt. Im grellen Sonnenlicht, das von allen Seiten durch das Eis und den Schnee reflektiert wird, müssen wir uns gründlich mit Sonnenschutzcreme mit hohem Lichtschutzfaktor einreiben. Kein Ohrläppchen dürfen wir vergessen und selbst den vorderen Bereich der Nasenlöcher nicht. Und dennoch: Bei mir spannt sich die Haut um die Lippen herum und fühlt sich sehr gereizt an. Immer wenn eine der seltenen Wolken die Sonne bedeckt und Schatten über uns verbreitet, atme ich auf. Die kalte Luft tut meiner geschundenen Haut gut.

Für Jussi und Falk endet der Ruhetag am Nachmittag. Sie wollen Antons Holzvorrat aufstocken. Jussi zerteilt mit einer alten Motorsäge die dicken Treibholzstämme, Falk spaltet mit einer großen Axt das zersägte Holz. Abends lädt uns Anton zum Essen ein. Auf der Speisekarte steht Rentierfleisch mit aufgetautem Gemüse und Wein. Wir können es kaum glauben! Wie aus dem Nichts tauchen in dieser Eiswüste plötzlich zwei Flaschen dunkelroten Rebensafts aus dem fernen Chile und Spanien auf. Anton möchte sich für unseren Besuch und für den Haufen gespaltenen Holzes bedanken. Als wir meinen, dass er uns damit zu viel Ehre antue, wiegelt er ab. Wir revanchieren uns, indem wir alle Dinge, die wir nicht unbedingt benötigen, bei ihm lassen, unter anderem Petroleum, einen Teil unserer gefriergetrockneten Mahlzeiten und sogar Hundefutter.

Anton ist einer der letzten Vertreter seiner Spezies auf Spitzbergen. Das Trapperleben hat dort Tradition. Nach der Entdeckung des Archipels am Ende des 16. Jahrhunderts gelangte die Nachricht von seinen reichen Walross-, Wal- und Robbenbeständen schnell nach Europa, und die Aussicht, durch Walfang oder Robbenjagd den Lebensunterhalt verdienen zu können, zog viele Männer, insbesondere aus ärmeren Bevölkerungsschichten, magisch an.

Im Zuge der Entwicklung frühmoderner Staaten, die mit einem Aufschwung von Wirtschaft, Handel und städtischem Leben einherging, stieg in Mitteleuropa die Nachfrage nach Wal- und Robbenprodukten. Der Tran, aus dem Speck der Meeressäuger gekocht, wurde als Brennstoff in den Tranlampen, als Gleitmittel in Lagern, als Weichmacher im Textil- und Ledergewerbe und zur Seifenproduktion genutzt. Infolgedessen brachen englische, später auch niederländische und deutsche Schiffe zum Walfang in die nördlichen Gewässer auf. Bald war es eine ganze Armada. So zählte man gegen Ende des 17. Jahrhunderts 200 bis 300 Wal- und Robbenfangschiffe. Zu einem Schiff gehörten etwa 100 bis 150 Mann Besatzung. Ein gesichteter Wal wurden von einem Ruderboot aus verfolgt, harpuniert und dann zu einer Verarbeitungsstation am Ufer geschleppt. Die bekannteste Station ist Smeerenburg auf Nordwestspitzbergen, eine 1619 von den Holländern gegründete Trankocherei. Archäologische Funde lassen vermuten, dass sie im Sommer über 200 Einwohner hatte.

Überwinterungen gab es zu jener Zeit wenige, und die meisten waren nicht freiwillig. So weit wir wissen, haben acht englische Walfänger 1630 als Erste auf Spitzbergen überwintert. Bei der Rentierjagd waren sie im Westen in schlechtes Wetter geraten, und da die Zeit bis zum verabredeten Treffpunkt am 20. August im Bellsund knapp wurde, ruderten sie unter Aufbietung aller Kräfte dorthin, mussten aber feststellen, dass das Schiff bereits ohne sie nach England abgesegelt war. Sie hatten keine andere Wahl, als zu versuchen, bis zum nächsten Sommer am Leben zu bleiben. Die letzten eis- und schneefreien Wochen nutzten sie, um so viele Rentiere, Walrosse und Eisbären zu jagen wie möglich. Doch wo sollten sie wohnen? Die englische Walfangstation war in keiner Weise wintertauglich. Lose übereinander geschichtete Steine bildeten die Wände, durch die der Wind pfiff. Aber Not macht erfinderisch, und so bauten sie aus den Mauersteinen der Öfen in der Trankocherei und aus einigen Holzplanken ein Haus im Haus. Die Zwischenräume füllten sie mit Sand auf, der die Unterkunft gegen den eisigen Wind abschottete, »so dass uns nicht der geringste Hauch belästigen konnte«. Der September gab sich bitterkalt und abweisend, und die Jagd erwies sich so schon früh im Herbst als unmöglich.

Wo Schmalhans Küchenmeister ist, müssen die knappen Vorräte streng rationiert werden. Den ganzen Winter über sollte es nur eine einzige Mahlzeit am Tag geben, wobei der Mittwoch und Freitag obendrein zu Fastentagen erklärt wurden. An den beiden Tagen standen nur ausgekochte Fritters auf dem Speiseplan, alte ausgekochte Transtücke, die sie bei den Specköfen gefunden hatten. Als »sehr ekelhafte Mahlzeiten« wird im Tagebuch davon berichtet.

Erst Anfang Februar, pünktlich zum Ende der Polarnacht, gab es neues Frischfleisch in Form eines Bären. Das erwies sich als tückisch, denn in Unkenntnis des hohen Vitamin-A-Gehalts der Leber zogen sich alle eine Vitamin-A-Vergiftung zu: Haut, Haare und Nägel lösten sich und fielen ab. Nach der Genesung ging es stetig bergauf. Die Tage wurden länger und wärmer. Die Jagd auf Bären, Füchse, Rentiere und Vögel ließ die knurrenden Mägen verstummen. Ja, zum Frühjahr hin wurde die Jagdausbeute so ertragreich, dass selbst ihr Hund gehörig an Gewicht zunahm. »Zu fett und faul für die Rentierjagd!« Am 25. Mai 1631 erreichten zwei Schiffe aus Hull den Bellsund. An Bord wartete alles gespannt auf Neuigkeiten über das Schicksal der Zurückgelassenen. Ein paar Jahre zuvor hatte das Schiff neun Mann auf Spitzbergen zurückgelassen, und keiner von ihnen hatte überlebt. Die Besatzung hatte im darauf folgenden Sommer nur die von Füchsen und Bären halb aufgefressenen Reste gefunden und rechnete nun mit einem ähnlich tragischen Ausgang. Umso größer war die Überraschung, als die acht Zurückgelassenen nach über neun Monaten im Eis wohlbehalten vor ihnen standen.

Die intensive Jagd auf Wale sorgte für eine rasche Dezimierung der Bestände. Schon gegen Ende des 17. Jahrhunderts, nach knapp 100 Jahren, suchten die Walfänger neue, weiter entfernte Fanggründe und gaben Spitzbergen mehr oder weniger auf. In dieses Vakuum stießen die Pomoren, ein Volk, das an der Westküste Russlands, am Weißen Meer, lebte und schon seit längerem in den nördlichen Gewässern Handel, Jagd und Fischfang betrieb. Zu Handelszwecken transportierten die Pomoren Korn und Bauholz nach Finnmarken, der nördlichsten Provinz Norwegens. Mit ihren nicht unbedingt hochseetüchtigen Booten stießen sie auf der Jagd nach Robben und Walrosse in unbekannte Gewässer östlich der Karasee vor und folgten sogar nördlich der Inselgruppe Nowaja Semlja der Eiskante.

Russische Archäologen datieren die Anfänge der »Besiedlung« Spitzbergens durch die Pomoren etwa auf das Jahr 1650. Während der ersten 100 Jahre bauten die Russen direkt an der Küste aus Treibholz ein paar Blockhütten, die ganzjährig als Ausgangspunkt für die Jagd auf das Walross dienten. Später, als die Jagd unter der Ägide russischer Handelshäuser und Klöster stand, wurden vorgefertigte Blockhütten eingeführt und in geschützten Buchten aufgestellt.

Der bekannteste russische Überwinterer ist der Trapper und Mönch Ivan Starostin. Knapp 40 Winter verbrachte er auf Spitzbergen, davon 15 ohne Unterbrechung. 1826 wurde er am Isfjord begraben. Der Ort heißt nach ihm Kapp Starostin.

Eine der größten Stationen aus sechs Hütten wurde in der Habe-
nichbucht errichtet. Aus dem Jahr 1770 stammt eine 150 Quadratmeter große Station an der Südseite des Isfjord, in der Väterchen
Frost mittels einer Sauna der Kampf angesagt wurde und das
Schachspiel die lange Polarnacht verkürzte. Gejagt wurden Walrosse und Robben, Füchse, Eisbären und Rentiere.

Gegen Mitte des 19. Jahrhunderts zogen sich die Pomoren von
Svalbard zurück. Der Einsatz – immer wieder starben Jäger an Skorbut oder kamen durch Unglücksfälle zu Tode – war bei abnehmen-
der Jagdausbeute zu hoch geworden. 1851 kehrte das Schiff Grigorij Bogoslov nach einer Überwinterung nur mit drei Mann an Bord
zurück. Der Kapitän und sechs weitere Mitglieder der Mannschaft
seien durch Unglücke ums Leben gekommen, hieß es zunächst.
Doch im folgenden Sommer fand ein norwegischer Eismeerschiffer
zwei Tote, die als Besatzungsmitglieder der Grigorij Bogoslov iden-
tifiziert werden konnten. Nach und nach stellte sich heraus, dass die
zwei, deren Leichen man gefunden hatte, bei einer Meuterei ge-
flüchtet und im Eis umgekommen waren. Auf der Rückfahrt nach
Russland wurden drei weitere Mannschaftsmitglieder über Bord
geworfen, ein vierter fiel auf einem ausschweifenden Fest in Nordnorwegen einem Mord zum Opfer. Diese Verbrechen erregten in
Russland großes Aufsehen und versetzten den ohnehin schon rück-
läufigen Fang- und Jagdaktivitäten im Eis den Todesstoß.

Die Norweger befuhren schon immer die arktischen Gewässer,
meist als Fischer, oder sie bildeten auf den ausländischen Schiffen
der Wal-, Robben- und Walrossjäger die Mannschaft. Im Laufe des
19. Jahrhunderts übernahmen norwegische Jäger dank neuer Jagd-
techniken und schneller, beweglicher Schiffe die Jagdgründe der
abziehenden Pomoren. Teils überwinterten sie in deren Hütten,
teils bauten sie auf alten Grundmauern neue. Wie die Pomoren jag-

ten sie Eisbären, Walrosse, Robben, Rentiere und Polarfüchse. Die dezimierten Bestände und der Tod vieler Jäger durch Skorbut führten aber dazu, dass die Norweger auf Spitzbergen nie in ähnlichem Umfang wie die Pomoren siedelten und sich vielmehr den großen Robbenkolonien auf dem West- und Osteis des Nordmeers zuwandten. Die Städte Hammerfest und Tromsø entwickelten sich zu Ausgangspunkten nahezu aller Fangfahrten und Expeditionen ins Polargebiet, was insbesondere Tromsø Einnahmen und Arbeitsplätze bescherte.

Zu dieser Zeit entstand und festigte sich der Ruf der Norweger als Experten in Sachen Nordmeer und Arktis, die nicht nur Wind, Wasser und Eis am besten kannten, sondern auch jedes Wetter und jeden Winkel. Dieses Know-how wurde von vielen Expeditionen in Anspruch genommen. Elling Carlsen, der die österreichisch-ungarische Payer-Weyprecht-Expedition (1872–74) – die Franz-Joseph-Land entdeckte – als Eislotse begleitete, ist nur ein Name von vielen.

In den ersten dreihundert Jahren nach der Entdeckung durch Willem Barents hinterließen die Menschen auf Spitzbergen nur wenige Spuren – ein paar verfallene Hütten, Reste kaum erkennbarer Grundmauern und Trankochereien, in die sich der Zahn der Zeit grub. Heute sind sie kaum noch sichtbar. Große Einnahmen waren mit dem Jagen nicht zu erzielen. Erst Pioniere wie der Nordmeerkapitän Johan Hagerup aus Tromsø, der die Jagd mit einer Haupt- und mehreren Nebenstationen über ein weites Jagdgebiet in größerem Stil betrieb, brachten eine gewisse Wende. Nebenbei gesagt scheint er auch der erste Überwinterer gewesen zu sein, der Zughunde einsetzte. Kaufleute in Tromsø spezialisierten sich auf die Ausrüstung der Jäger und den Aufkauf der Jagdbeute, die in erster Linie aus Fellen von Eisbären und Füchsen bestand.

Bis zum Zweiten Weltkrieg lebten durchschnittlich rund 25 Jäger ganzjährig auf den Inseln.

In dieser Zeit entstand auch der Mythos um die Jäger der Arktis, die, ganz auf sich selbst gestellt, den Gesetzen der extremen Natur gehorchend, in primitiven Hütten gegen die Winterstürme ankämpften und sich den Eisbären im Zweikampf stellten. Dies entsprach nicht immer der Realität. Immerhin gehörten zu den Überwinterern auch 27 Frauen, die Ehepartnerinnen oder Gefährtinnen der Trapper.

Über die Hälfte der Jäger verabschiedete sich von Spitzbergen nach einer Überwinterung. Um die Übrigen ranken sich regelrechte Legenden, so um den Tromsøer Henry Rudi, der während seiner 40-jährigen Arktiskarriere 713 Eisbären erfolgreich – wenn auch nicht für die Bären – jagte.

Unter den Jägern waren viele Nationen vertreten, zum Beispiel auch der Deutsche Ewald Schmutzler, der 17 Winter auf dem Archipel verbrachte, die meisten allein.

Jäh beendete der Zweite Weltkrieg das Trapperdasein auf Spitzbergen. Im Jahre 1941 wurden alle Jäger und die übrigen Bewohner nach Großbritannien und Archangelsk evakuiert.

Einige der Vorkriegstrapper kamen nach Kriegsende zurück. Von der Jagd zu leben, wurde aber immer schwieriger. Die Rentierjagd war schon 1925 nahezu ausnahmslos verboten worden. Der Bestand an Eisbären schrumpfte weiter, besonders nach der Einführung der Motorschlitten. Als sich daran trotz starker Reglementierung nichts änderte, wurde der Eisbär 1973 vollkommen unter Schutz gestellt. Damit war der Jagd die wirtschaftliche Grundlage entzogen.

Heute leben nicht mehr viele Trapper in den alten Hütten. Ihren Lebenshalt bestreiten sie durch den Verkauf von Fellen und Daunen. Manchmal verbringen sie in ihrer Hütte nur den Winter und arbeiten im Sommer in Longyearbyen oder einer anderen Siedlung. Meist handelt es sich um Aussteiger auf Zeit, um Menschen, die einen anderen, einen selbstbestimmten und naturnahen Lebensstil erproben möchten.

Zum Abschied gibt Anton uns noch jede Menge wichtiger Informationen über die beste Route nach Longyearbyen mit auf den Weg. Dafür sind wir ihm äußerst dankbar, denn kurz bevor wir die Schlitten packen wollen, kommen beunruhigende Nachrichten über den Äther. Ein Motorschlitten ist in eine Gletscherspalte gestürzt. Der Blick auf die Karte zeigt uns, dass sich der Unfall ziemlich genau in dem Gletschergebiet ereignet hat, das wir gerade ansteuern wollen. Was wir aus dem Funkverkehr zwischen der Rettungsmannschaft und der Zentrale erfahren, lässt uns vor Schreck erstarren. Die Sicht an der Unfallstelle ist so schlecht, dass ein Helikopter unverrichteter Dinge abdrehen muss. Viele Stunden später erreicht eine Rettungsmannschaft, die selbst des Öfteren Gefahr läuft, in die Gletscherspalten einzubrechen, per Motorschlitten die Unglückstelle. Dann stellt sich heraus, dass das Leben des einen Verunglückten nicht mehr zu retten ist. Als sich die Sicht leicht verbessert und den Rettern klar wird, in welch zerklüftetem Gebiet sie sich aufhalten, wagt niemand mehr, den Motorschlitten auch nur einen Meter vor- oder zurückzufahren. Später, als sich die Wolken weiter heben, entscheidet die Einsatzleitung, die Verunglückten samt ihren Rettern per Hubschrauber zu bergen. Die Ausrüstung inklusive Motorschlitten bleibt zunächst auf dem Gletscher zurück.

Je mehr ich über das Unglück erfahre, desto tiefer sinken mein Mut und meine Zuversicht. Habe ich mir und uns zu viel zugemutet? Ist es nicht ein hirnverbrannter Unsinn, sich derartigen Gefahren auszusetzen? Aber wir haben keine Wahl, wir müssen in diese Richtung. Ein anderer Weg nach Longyearbyen existiert nicht. Daher spitze ich umso mehr die Ohren, als Anton die beste Route über die Gletscher nach Süden erklärt. Sorgfältig tragen wir seinen Weg nach Longyearbyen, den er oft erprobt hat, in unsere Karten ein. Wir notieren, wo sich die spaltenärmsten Gebiete der Gletscher befinden, wie sich der Mittag-Leffler-Breen vom Fjord aus ersteigen lässt und welche Fjordarme noch über eine verhältnismäßig sichere Eisdecke verfügen. Denn dass wir uns beeilen müssen, macht er uns unmissverständlich klar. Die milden Temperaturen sind auf das Eis im Isfjord nicht ohne Auswirkungen geblieben. Wenn wir die südlichen Fjordarme als Weg benutzen wollen, dürfen wir keine Zeit verlieren.

Sturm

*»Er führte in eine große, feierliche Stille, in eine
Welt von nie geschauter, nie geahnter Pracht und
Schönheit.«*

CHRISTIANE RITTER

Gegen 23.00 Uhr sollen die Schlitten aufbrechen. Knapp anderthalb Stunden vorher sind Chris und Jussi auf Skiern losgefahren. Ziel unserer heutigen Etappe ist der westlichste Punkt am Fuße des Mittag-Leffler-Breen-Gletschers, der dort in den Austfjord fließt.

Etwas wehmütig verabschieden wir uns von dem Ort, an dem wir so gastfreundlich aufgenommen worden sind. Ob ich Anton und die Hütte noch einmal wiedersehen werde?

Als wir die schützende Bucht verlassen, empfängt uns ein eiskalter kräftiger Wind aus Norden. Er schiebt uns unserem Tagesziel entgegen, der majestätischen Gletscherfront am Ende des Austfjords, die schon in 50 Kilometer Entfernung im Dunst vor uns auftaucht.

Wir fahren den Skispuren der beiden Skiläufer nach. Irgendwann werden wir Chris und Jussi eingeholt haben.

Von Norden her wärmt uns die tief stehende Sonne mit ihren blassen orangefarbenen Strahlen den Rücken. Der Winddruck nimmt spürbar zu, die Hunde ziehen eifrig und fallen in schnellen Trab, zufrieden mit der Hilfe, die der Rückenwind ihnen bietet.

Längst haben wir alle Reißverschlüsse unserer winddichten Oberbekleidung zugezogen und alle Verschnürungen abgedichtet, um uns gegen den eisigen Wind zu schützen. Die Oberbekleidung ist dünn und dient nur dazu, den Wind abzuhalten und zu verhindern, dass er die warme Luft aus den darunter liegenden, isolierenden Schichten bläst. Sie muss atmungsaktiv sein, denn die Feuchtigkeit beim Schwitzen darf sich nicht in der Kleidung sammeln. Sonst fängt man sofort an zu frieren. Trotz aller Forschung ist es bislang nicht gelungen, eine Kunstfaser herzustellen, die eng gewobener Baumwolle Konkurrenz machen könnte. Zumindest nicht, wenn man sich in Gegenden aufhält, wo die Temperaturen dauerhaft unter dem Gefrierpunkt bleiben. Das Prinzip winddichter Oberbekleidung gilt von der Kapuze über Anorak und Handschuhe bis zur Hose. Lediglich das Gesicht bleibt unbedeckt. Erst bei extrem tiefen Temperaturen zieht man sich einen Schal ins Gesicht oder streift eine spezielle Gesichtsmaske über mit Schlitzen für Augen, Mund und eventuell für Nasenlöcher. Bei Kapuzen gibt es zwei Modelle, je nach Einsatzart. In Mitteleuropa gehören zur Outdoor-Bekleidung Kapuzen, die sehr knapp geschnitten sind, damit sie das Gesichtsfeld nicht einengen. Beim Hochgebirgsklettern ist das von Vorteil, da man meist keine Hand frei hat, um die Kapuze zur Seite zu schieben, wenn man sich nach der Kletterroute umschauen will. Ohne Gesichtsmaske sind Nase und Wangenknochen bei diesem Modell schutzlos dem Wind ausgeliefert und Erfrierungen bei sehr kaltem Wind kaum zu vermeiden. In Skandinavien ist der Schnitt bei Anoraks und Jacken für Wintertouren völlig anders. Eine weite Kapuze umschließt die isolierende Kopfbedeckung. Vorn ist die Kapuze röhrenartig verlängert, so dass kein Gesichtsteil vorsteht. Selbst die Nase liegt tief in dieser Röhre versteckt. Eine an der Außenkante der Röhre befestigte Fellkante bremst den eisigen Wind, selbst wenn er frontal ins Gesicht bläst.

Unter der winddichten Oberbekleidung werden isolierende Schichten aus Wolle oder Vlies getragen. Diese Kleidungsstücke müssen – je nach Kälte und körperlicher Anstrengung in unterschiedlicher Reihenfolge – so übereinander angezogen werden, dass es nicht zu eng und die Bewegungsfreiheit nicht eingeschränkt wird. Auch wenn man einem Michelinmännchen immer ähnlicher wird – keine Naht darf bis zum Platzen gespannt werden.

Die unterste Kleidungsschicht, direkt auf der Haut, muss aus Material bestehen, das den Schweiß nicht aufsaugt, sondern abtransportiert. Mitteleuropäer benutzen dafür meist Kunstfasern. In Skandinavien greift man lieber zur Wolle. Das hört sich nach Kratzen an, und so war es früher auch. Heute gibt es jedoch Wolle, die so behandelt wurde, dass sie nicht mehr kratzt. Gegenüber Kunstfasern hat Unterwäsche aus Wolle zwei definitive Vorteile: Sie wärmt viel besser, und Geruchsprobleme halten sich in Grenzen. Plastikunterwäsche führt oft schon nach wenigen Tagen zu einem Gestank, der im engen Zelt als unangenehm empfunden wird. Warum das so ist, kann ich nicht erklären. Bei Wolle taucht dieses Problem jedenfalls nicht auf.

Derart verpackt trotzen wir den immer stärkeren Böen. Ein paar von uns haben noch eine Schneebrille aufgesetzt, denn der Wind bläst uns Schneekristalle ins Gesicht, die in den Augen schmerzen, als seien es Glassplitter.

Der stürmische Wind hat die Spuren der Skiläufer sicher schon längst fortgeblasen. Oder sind die beiden auf die andere Fjordseite gewechselt? Ich versuche, in dem Schneetreiben vor uns etwas zu erkennen. Eigentlich müssten wir sie doch längst erreicht haben! Oder sind wir bei der schlechten Sicht an ihnen vorbeigefahren? Ich bin mehr und mehr verunsichert. Haben sie für dieses Wetter die entsprechende Kleidung mitgenommen, oder liegen ihre Daunenjacken irgendwo bei uns auf den Schlitten? Wir halten an, und ich mache die Hunde an einer felsigen Erhöhung fest, in der Hoffnung, von dort aus Chris und Jussi zu entdecken. Oben, vielleicht 50 Meter über dem Fjordeis, erblicke ich nichts, was auch nur entfernt an sie erinnern könnte. Auf die andere Fjordseite kann ich bei dem Wetter nicht schauen. Der aufgewirbelte Schnee lässt eine Sicht von

Das Expeditionsteam vor der Hütte in Gråhuken. Von rechts nach links:
Jussi Väliaho mit Jakob, Martin Lundius, Björn Terje Ekran, Falk Mahnke,
Chris Painter mit Plüm, Björn Klauer

Auf dem Rückweg von Gråhuken entlang des offenen Wijdefjords: Am ersten Tag der zweiten Etappe sind die Schlitten bleischwer, und Falk muss den Hunden helfen.

So idyllisch das Lager bei der Villa Rave ist, so schrecklich ist deren Geschichte.

Bei Sturm kugeln sich die Hunde schnell ein und lassen sich vom Schnee zuwehen. Unter dem Schnee ist es so warm wie in einem Iglu.

Am Tag danach: Der Sturm flaut langsam ab. Er hat das Zelt fast ganz mit Flugschnee zugeschaufelt.

Dem Sturm entkommen, fahren wir auf dem Wijdefjord zur Gletscherwand des Mittag-Leffler-Breen.

Auf Spitzbergen sind die Gletscher trotz gefährlicher Spaltengebiete meist gut als Weg benutzbar. Martin lenkt die Leithunde über die schwierigsten Passagen.

Zwei Uhr nachts und minus 15 Grad: Pause auf dem Nordenskjöldbreen-Gletscher

Die Stille nach dem Sturm kommt uns vor, als sei sie aus einer anderen Welt.

Jeder hat einen Lieblingshund. Martin ist der kleine Prikken ans Herz gewachsen.

Chris hat am Strand angetriebenes Treibholz gesammelt und ein Feuer entfacht. Jetzt können wir die feuchten Socken trocknen.

Abends nach dem Ausschirren legen sich die Hunde sofort hin. Tjukis, »the grand old lady«, steht jeden Morgen wieder taufrisch im Geschirr.

Jussi mit seiner selbst geschnitzten »Kuksa«, einer Tasse aus Birkenholz.

Der Winter ist auf Spitzbergen noch lange nicht vorbei. In den Hafen von Longyearbyen schiebt sich Eis.

allerhöchstens zwei Kilometern zu. Doch der Fjord ist hier über fünf Kilometer breit.

Wir beratschlagen kurz. Sollen wir einmal quer über den Fjord fahren, um dabei vielleicht auf die Skispuren zu stoßen? Wir entschließen uns dazu, wenn es auch Zeit kostet. Also steuere ich das andere Ufer an. Angestrengt spähe ich immer wieder in die Ferne, suche ich vor mir den Abdruck eines Skis. Die Fahrer der nachfolgenden drei Schlitten wissen, was in mir vorgeht. Auch sie sind unsicher. Wir hätten die Skiläufer schon längst einholen müssen! So schnell können sie doch gar nicht gewesen sein! Auch am anderen Ufer ist keine Skispur zu entdecken. Nichts außer schnee- und eisbedeckten Bergen und dem Fjord. Nichts außer ein paar Steinen, die hier und da aus dem Schnee ragen. Und der Wind wird immer stärker. Wir müssen uns die Worte direkt ins Ohr brüllen, um uns zu verständigen.

Nein, so hat es keinen Zweck. Wenn wir Chris und Jussi bei diesem Wetter und in diesem Gelände hier suchen würden, kämen wir nicht vorwärts. Und überdies, sie zu finden, wäre völlig aussichtslos. Wir können nur hoffen, dass sie an dem verabredeten Punkt eintreffen, entweder vor uns oder nach uns.

SIEBENUNDZWANZIGSTER TAG

Auf den letzten fünfzehn Kilometern zu unserem Treffpunkt am Gletscher quält mich die Sorge um Chris und Jussi. Dass die beiden so schnell vorwärts gekommen sind, halte ich für völlig unwahrscheinlich. Sicher ist sowohl Jussi als auch Chris sehr erfahren. Beide kennen sich bestens aus mit Kompass, Karte und der Wettersituation. Und doch denke ich fieberhaft darüber nach, was wir tun sollen, wenn sie nicht am Treffpunkt sind. Wieder zurückzufahren und die Hunde gegen den fürchterlichen Wind zu lenken, ist fast unmöglich. Während der Böen tobt der Wind in der Stärke eines

Orkans. Den Hunden vereisen die feuchten Augenwimpern, bis sie nichts mehr sehen können. Außerdem fliegen in Hundekopfhöhe viel mehr Schneekristalle durch die Luft als in der Höhe unserer Köpfe und schmerzen den Hunden in den Augen. Deswegen drehen die Leithunde gern aus dem Sturm heraus – es ist unglaublich schwierig, sie über lange Strecken direkt gegen den Sturm zu lenken. Dazu kommt noch die ungeheuer bremsende Kraft des Windes.

Oder rede ich mir die Gefahr nur ein? Sind meine Überlegungen reine Panikmache? So sehr ich auch versuche, mir ins Bewusstsein zu rufen, wie erfahren die beiden sind, so wenig gelingt es mir, ruhiger zu werden. Ich weiß nur, dass wir uns beim Skifahren immer sehr dünn anziehen, damit wir nicht ins Schwitzen kommen. Als die Skifahrer losgefahren sind, hatten sie sicher nur die dünne Oberbekleidung übergezogen, denn das Wetter war ja noch gut. Von einem kräftigen Wind, geschweige denn von einem Sturm, war weit und breit nichts zu sehen. In der dünnen Kleidung ist man stürmischem Wind schutzlos ausgesetzt. So wie ich jetzt als Schlittenfahrer gekleidet bin, könnte ich mich hinter den Schlitten in den Schnee legen und würde keine Erfrierungen davontragen. Chris und Jussi könnten in ihrer dünnen Skikleidung aber nicht lange durchhalten. Haben die beiden genug warme Kleidung in ihren Tagesrucksäcken mitgenommen? Oder hat sie das windstille und warme Wetter der vergangenen Tage alle Vorsichtsmaßnahmen vergessen lassen?

Am liebsten würde ich Jussi um den Hals fallen, als er uns am Treffpunkt entgegenläuft. Ein riesiger Stein fällt mir vom Herzen. Sie müssen über das Eis geflogen sein! Aber die Wetterverhältnisse lassen weder Bemerkungen noch Fragen zu. Chris hat hinter einem kleinen Geröllhügel einen Platz für das Zelt gefunden. Das ist weit und breit der einzige Ort, an dem der Sturmwind das Zelt nicht mit voller Wucht trifft. Die Hunde müssen mit der mageren Schneedecke am Fjordufer vorlieb nehmen – ein weniger dem Sturm ausgesetzter Platz lässt sich beim besten Willen nicht für sie finden. Das Wetter erlaubt nicht, dass wir uns auch nur einen Meter weiter entfernen. Bei solchen Windverhältnissen auf einem unbekannten Gletscher herumzuturnen ist lebensgefährlich. Es ist schon verantwortungslos, in unmittelbarer Nachbarschaft der vereisten Gletscherwand zu zelten. Schließlich kann der Gletscher jederzeit auf die Idee kommen zu kalben, und riesige Eisbrocken würden dann auf uns herabstürzen.

Die Lage ist gespenstisch. Zwar sind wir durch unsere Kleidung wirkungsvoll vor den Urgewalten des Sturmes geschützt, aber vor meinen Augen läuft ein bizarrer Film ab: In Fontänen wirbelnder Schneekristalle, die von der tief stehenden nächtlichen Sonne in helles, orangefarbenes Licht getaucht werden, vollführen vermummte Gestalten im Rhythmus der Windböen merkwürdige Bewegungen. Immer wieder bleiben sie abrupt stehen, weil der Wind ihre Vorwärtsbewegung stoppt. Oder sie beginnen zu laufen, die Beine weit nach vorn geworfen, da eine Windbö sie vor sich herschiebt. Unmöglich, mit den Füßen zu bremsen.

Die Geschirre, die wir den Hunden abstreifen, müssen wir am Schlitten festgehakt vor dem Sturm sichern. Es dauert eine halbe Ewigkeit, bis alle Hunde an den Stahlseilen befestigt sind. Mit den dicken Handschuhen geht es einfach nicht schneller. Dann ist das Zelt an der Reihe. Jetzt bin ich heilfroh, dass es nicht völlig demontiert eingepackt worden ist. Die Stangen sind zur Hälfte in den Kanälen verblieben, was den Zeltaufbau erheblich vereinfacht. Doch bei dem stürmisch-böigen Wind ist der Aufbau trotzdem nicht leicht zu bewerkstelligen. Alle müssen helfen, das Zelt festzuhalten, oder sich einfach darauf setzen, bis die letzte Stange gespannt ist. Die Verständigung klappt nur per Fingerzeig und Kopfbewegung. Welch ein Glück, dass wenigstens diese Sprache international ist!

Wir haben uns auf unserer Expedition zu einem gut eingespielten Zeltaufbau-Team entwickelt. Jeder weiß, was zu tun ist und was nicht. Zum Beispiel das Zelt mit einer Spannleine schon mal aufrichten wollen. Das gäbe einen Riesenknall, und das Zelt würde uns mit gebrochenen Stangen und zerfetztem Stoff um die Ohren wehen. Vielmehr muss das Zelt an möglichst vielen Abspannpunkten gleichzeitig gesichert werden, so dass sich der Winddruck gleichmäßig verteilen kann.

Wichtig sind auch die Heringe. Bei der Standardausrüstung für Zelte liegen Heringe dabei, die auf einer bunten Sommerwiese ihrer Aufgabe sicherlich tadellos nachkommen. Aber im losen Schnee halten sie überhaupt nicht. Fegt der Wind über den Schnee, wird dieser beinhart, und man kann die oft aus Plastik gefertigten Heringe überhaupt nicht einschlagen. Mit solch einer Ausrüstung wird man im Winter schon bei mäßigem Wind nichts ausrichten. Da schläft man besser und billiger unter freiem Himmel.

Für die Arktis eignen sich nur Metallheringe, die unten scharfkantig und daher leicht in den harten Schnee zu rammen sind. Durch eine hohe Verdrängung sollen sie gleichzeitig in recht lockerem Schnee Halt bieten. Ein über 30 Zentimeter langer Aluminiumhering mit dem schönen Namen »Manta« erfüllt diese Aufgabe immer noch am allerbesten.

Endlich steht das Zelt, für die widrigen Verhältnisse sogar ziemlich gerade und ordentlich. Schnell schaufeln wir in Windrichtung reichlich Schnee gegen die Zeltwände, um sie abzudichten. Alle Lüftungen auf dieser Seite werden geschlossen.

Wir holen unsere Schlafsäcke und Isomatten vom Schlitten sowie die Küchenkiste mit den heute zugeteilten Lebensmittelrationen und dem Kocher. Nacheinander schlüpfen wir ins Zelt. Die Kunst besteht darin, so wenig Schnee wie möglich mit hereinzubringen. Doch selbst wenn wir uns draußen gründlich den Schnee von der

Kleidung klopfen, ist es gänzlich unmöglich, schneefrei in das Innenzelt zu gelangen. Der hereingetragene Schnee muss zusammengekehrt und nach draußen befördert werden. Feuchtigkeit ist – neben Sturm – der größte Feind im Winter. Jeder kriecht sofort in den Schlafsack. Eine Unterhaltung ist bei dem tosenden Sturm unmöglich. Es pfeift, heult, und dazu gesellt sich noch das heftige Flattern des Zelts. Alle liegen still, an Schlaf ist nicht zu denken. Halten die Heringe? Hoffentlich reißt bloß keine Spannleine! Wie geht es den Hunden da draußen? Wenn ein Hund sich losreißt oder ein Eisbär sich nähert, merken wir das mit Sicherheit nicht. Wir können nur hoffen, dass sich bei diesem Wetter nicht einmal ein Eisbär vor die Haustür wagt. Erst als nach Stunden der Sturm etwas nachlässt und unsere Müdigkeit stärker wird, schlafen wir ein.

Langsam wache ich auf. Den Schlafsack hatte ich beim Einschlafen bis auf eine faustgroße Öffnung am Kopf zugezogen. Hier drinnen ist es gemütlich warm. Nur schwach erreichen die Geräusche von draußen mein Ohr. Das Zelt flattert scheinbar noch immer. Dumpfe, entfernte Schnarchgeräusche sagen mir, dass ich nicht der Letzte bin, der erwacht. Auch wenn die wohlige Wärme im Schlafsack mich nicht gerade dazu treibt, übereilt aufzustehen, spüre ich deutlich die Feuchtigkeit. Aber nicht so unangenehm, dass sie mich aus dem Schlafsack jagen würde. Sicher habe ich den Schnee an meiner Kleidung nicht vollständig abgeklopft, bevor ich in den Schlafsack gestiegen bin, und nun ist er geschmolzen. Ich bin froh, dass ich in einem Kunstfasersack liege. Unter den Witterungsverhältnissen hier hätte ein Daunenschlafsack schon längst seinen Dienst quittiert. Bei Feuchtigkeit fällt die Daune schnell zusammen und verliert ihre Isolationseigenschaften, egal wie sie behandelt ist. Kunstfaser hält der Feuchtigkeit ungleich länger stand.

Feuchtigkeit ist beim Zelten im Winter nicht zu vermeiden, selbst wenn die Kleidung vor dem Eintritt in das Zelt auf das Sorgfältigste abgebürstet wird. Ein Großteil der Feuchtigkeit entsteht durch bloßes Atmen. Die Feuchtigkeit in der Atemluft gefriert irgendwann – bei extrem tiefen Temperaturen schon wenige Zentimeter nach dem Austritt aus dem Mund oder der Nase. Dann ist der Schlafsack rund um die Öffnung am Kopf feucht und vereist. Liegt der Schläfer auf dem Rücken, ist der Schlafsack in Brusthöhe mit Schneekristallen aus der Atemluft bedeckt. Ist es weniger kalt, gefriert die ausgeatmete Feuchtigkeit an der Wand des Innenzelts. Auch wenn am Morgen der Schnee und Reif von den Schlafsäcken gebürstet und nach draußen befördert wird, ein Teil davon ist bereits geschmolzen und der Schlafsack leicht feucht.

Die Feuchtigkeit kann extrem zunehmen, wenn im Zelt gekocht wird. Und das ist spätestens dann nicht zu vermeiden, wenn der Wind das Kochen draußen unmöglich macht. Hier hilft nur eines: eine Lüftung am höchsten Punkt des Zelts. Eine Lüftung muss im Winterzelt an der höchsten Stelle des Außenzelts angebracht sein und eine zweite an einer entgegengesetzten Seite, sonst zieht die feuchte Luft nicht ab. Bei meinen Expeditionen hat sich ein Innenzelt aus dünner Baumwolle immer als vorteilhaft erwiesen. Baumwolle fängt – im Gegensatz zu Nylon – nicht sofort Feuer, sollte der Kocher einmal nicht so funktionieren wie geplant, und sie saugt Nässe auf. Diese entsteht zum Beispiel morgens, wenn die vom Kocher verbreitete Wärme den Reif an den Innenseiten des Innen- und Außenzelts zum Schmelzen bringt. In einem Innenzelt aus Nylon fühlt man sich dann rasch wie in einer Tropfsteinhöhle. Baumwolle saugt die Nässe auf, verdampft sie dann aber wieder. In meinem Zelt sieht das bei großer Kälte morgens meist so aus: Wenn die Kocher angezündet sind, verfärbt sich die Baumwolle dunkel. Sie wird nass, tropft aber nicht. Die Nässe verdampft nach und nach durch meine Lüfter in der Mitte des Tunnelzelts. Von draußen sieht man nun zwei Dampfsäulen aus dem Zelt gen Himmel steigen.

Die Luft im Zelt ist bald so trocken, dass ein feuchter Schlafsack zumindest an der Oberfläche trocknet. Das ist besonders bei Schlafsäcken notwendig, die am Zeltrand liegen, denn dort fällt durch die Berührung mit dem hochgezogenen Zeltboden immer etwas mehr Feuchtigkeit an.

Bewährt hat sich auch auf dieser Expedition ein zweigeteilter Schlafsack, der sich aus einem dicken Innenschlafsack und einem dünnen, nur leicht isolierenden Überschlafsack zusammensetzt. Da der Überschlafsack immer feuchter wird als der Innenschlafsack, ist die Hauptfeuchtigkeit auf einen Sack konzentriert, und der lässt sich aufgrund seiner dünneren Isolierung viel schneller trocknen als ein dicker Schlafsack mit gleichen Isolationswerten. Während der Expedition hat die hoch stehende Sonne den Außenschlafsack immer wieder getrocknet, selbst bei Temperaturen unter dem Gefrierpunkt. Die Sonne hat oft das dunkle Außenzelt erwärmt und die Feuchtigkeit verdampfen lassen.

Mit gravierenden Feuchtigkeitsproblemen haben wir nie zu tun. Während der ganzen Tour hat kein Schlafsack spürbar an Isolationseigenschaften verloren.

Heute hat die Feuchtigkeit im Zelt ihren Höhepunkt erreicht. Die selbst eingebaute Lüftung im Zeltdach mussten wir wegen des Sturms schließen, da sonst zu viel Schnee hineingeblasen worden wäre. Im Vorzelt hat sich an der Windseite direkt am Innenzelt eine solide Schneewehe gebildet. Eine eurogroße Öffnung am seitlichen Lüfter hat ausgereicht, um diese Schneemassen hereinzulassen. Der eigentliche Grund für die miserable Belüftung ist aber der Schnee, den wir gegen die Wände des Außenzelts geschaufelt haben – in der berechtigten Angst, dass der Sturmwind unter das Außenzelt greifen könnte. Außerdem wäre dann Schnee zwischen Innen- und Außenzelt geblasen worden und hätte uns igluartig eingemauert.

Das Tohuwabohu draußen erweist sich, als wir am frühen Nach-mittag aufwachen, als abgemildert, doch für einen Aufbruch immer noch zu heftig. So wird in Ruhe gefrühstückt. Von Zeit zu Zeit robbt einer von uns aus dem Zelt, um nach dem Wetter zu schauen. Doch erst ganz langsam ebbt der Wind ab.

Stunden später können wir aufbrechen. Björn Terje und Martin sind heute die beiden Skiläufer. Diesmal vereinbaren wir mehrere Treffpunkte auf der Etappe, wie zum Beispiel Felsen und kleinere Berge, die aus dem Gletschereis ragen. So wollen wir sicherstellen, dass niemand bei schlechter Sicht verloren geht.

Gefährliche Gletscher

»Und so gehe ich fast ohne Bewusstsein, ohne Halt an
etwas bekannt Daseiendem durch die große Einsamkeit,
durch die strahlende Dämmerung, die keinen Schatten
hat, durch die regungslose Stille, die zeitlos ist.«

CHRISTIANE RITTER

ACHTUNDZWANZIGSTER TAG

Beim Zeltabbau verliert der Wind spürbar an Kraft, und als wir aufbrechen, schläft er ein. Das Flattern der Kapuzen im Wind ebbt ab. Die Hunde versuchen nicht mehr, sich ständig aus dem Wind zu drehen; Entspannung und Ruhe kehren ein.

Es ist gegen Mitternacht, als wir wieder auf den Schlittenkufen stehen und Richtung Süden aufbrechen. Die tief stehende Sonne, die uns von Norden her den Rücken wärmt, hüllt eine Landschaft in ihr mildes Licht, die nicht auf unserem Planeten zu liegen scheint. Die türkisblaue Gletscherwand ragt auf einer Breite von fünf Kilometern 40 Meter in den Himmel hinein. Es sieht aus, als könnten wir sie mit Händen greifen, aber wir müssen noch einige Kilometer hinter uns bringen, bis die Hunde unmittelbar davor stehen. Dunkle, steile Berge umrahmen in der Ferne das Eis, der weiße, in ein fahles Licht getauchte Mond klebt am blauen Himmel. Und es ist still. Wie das Eis des Gletschers auf dem Fels, so lastet eine tiefe, dem Treiben der Welt unendlich ferne Ruhe auf der Landschaft. Das leise Knarren der Schlitten, das Hecheln der Hunde und das Kratzen ihrer Krallen auf dem Eis wird für einen Moment zu dem schmalen Band, das allein mich noch mit der realen Welt verknüpft. Erlebe ich in diesem Augenblick die arktische Natur so intensiv, wie Christiane Ritter es geschildert hat? Die Landschaft und das eigene Ich in einem Empfinden, in dem das menschliche Dasein aufzugehen scheint? Eine Intensität des Erlebens, das plötzlich in meine Gefühlswelt einbricht, als die Erhabenheit der Natur mich die Grenzen meiner Existenz spüren lässt?

Das Bild des türkisblauen Gletschers in der gewaltigen Stille wird mir nicht mehr aus dem Kopf gehen. Es versinnbildlicht für mich den Geist, der aus Christiane Ritters Buch spricht – und wird zum Synonym für mein Spitzbergen. Ein Bild, das sich mir unauslöschlich einprägt. Kein Foto wird es je wiedergeben können.

Der stürmische Wind des gestrigen Tags hat die ohnehin dünne Schneedecke auf dem Gletscher fortgeweht. Mit Ausnahme weniger Schneeinseln fahren wir auf blankem Eis. Mühselig kratzen die Hunde mit ihren Krallen auf dem spiegelglatten Boden, um Halt zu finden und die Schlitten den ansteigenden Gletscherhang hinaufzuziehen. Immer wieder gleiten die Schlitten seitlich ab und fallen in rasendes Tempo, bis sie schließlich von einem Schneefleck wieder abgebremst werden. Wenn der Musher auf die Seitwärtsbewegung nicht gefasst ist und mit einer schnellen Verlagerung seines Körpergewichts den Fliehkräften kein Paroli bieten kann, stürzt der Schlitten um. Angesichts des Schlittengewichts und des schmerzhaften Falls auf das knallharte Eis lässt niemand dies zweimal geschehen.

Erst einige Kilometer weiter oben am Gletscher finden wir eine dickere Schneedecke vor. Bald sind wir wieder vom gewohnten Weiß umgeben, die Lage entspannt sich. Später, fast nach der Hälfte unserer geplanten Tagesetappe, tauchen die beiden Skiläufer Björn Terje und Martin als rote Punkte vor uns auf.

Die Sicht ist fantastisch. Um uns herum fließen die vielen Gletscherzungen hinab zu dem über zehn Kilometer breiten Hauptgletscher Mittag-Leffler-Breen. Nur hin und wieder ragen aus dem mächtigen Eisstrom einige steile Felsen hervor, die Anhaltspunkte der Orientierung bilden. Im warmroten Licht der aufsteigenden Sonne wirkt die Schnee- und Eislandschaft nicht kalt oder abweisend. Einfach nur unendlich. Nirgends ist der Ursprung des Eisstroms zu erahnen. Die Landschaft verrät nichts. Die Unendlichkeit, durch die wir uns wie Schnecken vorwärts bewegen, ist nur schwer fassbar. Bedrohend wirkt sie nicht auf mich, aber sie macht mir unmissverständlich klar, dass ich mich auf mein Ziel konzentrieren muss. Der Gedanke an einen Abstecher erscheint vermessen. Longyearbyen, der Endpunkt unserer Expedition dort im Süden weit, weit hinter dem Horizont, zieht uns an wie ein Magnet. Wege, die in eine andere Ferne führen, existieren nicht mehr.

Doch irgendwann am Morgen, als wir auf einer Höhe von 600 Metern angelangt sind, hüllen tiefe Wolken und ein leichter Schneefall die Landschaft samt Orientierungspunkten in einen dichten weißen Schleier. Und das mitten in einem Gebiet voller Gletscherspalten, in dem gute Sicht die einzige Chance darstellt, mit heiler Haut wieder herauszukommen. Denn nur auf dem gleichmäßig dahinfließenden Eisstrom sind wir vor Spalten einigermaßen sicher. Und selbst hier kann man nicht erkennen, ob sich das Eis nicht doch über Felsabsätze schiebt, vor einer Felsnase abbiegt, sich vor einer Verengung staut oder nach einer Verengung weitet und so Spalten bildet. Zweimal gerate ich mit meinem Fuß in – zum Glück – kleine Spalten, als ich vom Schlitten steigen muss, um den Hunden zu helfen. In eine kleine Spalte einzubrechen, ist normalerweise nicht tragisch. Jeder, der im Schnee in den Bergen unterwegs war, weiß das. Der Ski oder der Fuß bricht durch den Schnee zum Beispiel zwischen zwei Steinen ein und sackt durch. Doch auf einem Gletscher ist das eine völlig andere Sache. Ich kann mir unschwer vorstellen, wie der Gletscher im Sommer aussieht, wenn kein Schnee liegt. Da muss es von Spalten nur so wimmeln. Und wer sagt mir, dass immer gerade nur ein Fuß hineinpasst? Die Entscheidung, die ich fälle, drängt sich auf: Wir bauen das Lager auf und warten besseres Wetter ab. Denn nur wenn man den Lauf des Gletschereises zwischen den Felsen und Bergen hindurch überblicken kann, ist es möglich, an den gefährlichen Gletscherspalten vorbei einen sicheren Weg zu wählen.

NEUNUNDZWANZIGSTER TAG

Warten ist nicht jedermanns Sache. Umso weniger, als sich das Wetter nach zwölf Stunden um keinen Deut verändert hat. Die Aussicht, dass wir hier vielleicht einige Tage bleiben müssen, hat nichts Erfreuliches. Stunde um Stunde im engen Zelt verbringen, ewig im Schlafsack liegen zu müssen, zum Nichtstun verdammt zu sein und dazu die Ungewissheit, wie lange sich das Warten hinziehen wird, das alles stellt die Geduld auf eine harte Probe.

Vielleicht lernt man in der Arktis im Laufe der Jahre, in solchen Situationen eine gewisse Gleichgültigkeit oder gar Fatalismus an den Tag zu legen. Die arktische Natur ist zu allmächtig, als dass man ein unkalkulierbares Risiko eingehen möchte. Auch Spekulationen darüber, dass die Sichtverhältnisse gar nicht weit von unserem Lager entfernt schon viel besser sein könnten, sind sinnlos. Um aufzubrechen, brauchen wir Sichtverhältnisse, die es uns erlauben, Spaltengebiete zu erkennen oder doch zumindest zu erahnen und unseren Standort zu bestimmen. Alles andere ist selbstmörderischer Aktionismus.

Dieses Wissen muss stärker sein als das Bedürfnis, aktiv zu werden. Sonst würde man in Rastlosigkeit verfallen, vor allem, wenn man sich nicht abzulenken weiß. Wer seine Rastlosigkeit nicht einzudämmen vermag, läuft Gefahr, übereilten Handlungen, wenn nicht gar Kurzschlusshandlungen Tor und Tür zu öffnen. Vielleicht liegt hier die Erklärung für eklatantes Fehlverhalten in den Bergen, das immer wieder Todesopfer fordert. Das Wissen allein, wie man sich richtig verhält, reicht wahrscheinlich nicht aus. Vermutlich muss man einige Male in Situationen unterwegs gewesen sein, die einem fast ausweglos erschienen sind. Vermutlich muss man des Öfteren orientierungslos durch einen Schneesturm geirrt sein und dabei am eigenen Leibe erfahren haben, wie schnell man von panischer Angst ergriffen wird, dass es zu spät sein könnte, das schützende Zelt aufzubauen. Erst dann kann man das Risiko vielleicht richtig einschätzen.

Ich für meinen Teil sehe keinerlei Grund, das Risiko einzugehen, in eine Gletscherspalte zu stürzen. Wir sind bisher sehr gut vorwärts gekommen, selbst wenn dieses gefährliche Gletschergebiet noch vor uns liegt. Selbst wenn wir in Betracht ziehen, dass wir nicht wissen, ob sich das Eis schon aus dem Tempelfjord zurückgezogen hat. Sollte dies der Fall sein, stände uns ein überaus langer und gefährlicher Umweg über den Von-Post-Breen-Gletscher bevor, und der Termin, zu dem wir in Longyearbyen das Schiff für die Rückreise angeheuert haben, würde platzen. Doch dafür unser Leben oder das der Hunde riskieren?

Bevor wir uns in eine längere Diskussion darüber stürzen können, lockert die tief liegende Wolkendecke langsam, aber stetig auf, das Barometer steigt, und wir sind von dem erzwungenen Nichtstun erlöst.

Allerdings geht es zunächst nur im Stop-and-go-Tempo weiter. Bei tief dahinziehenden Wolken und wenn uns Nebelschwaden einhüllen, kommt die Schlittenkarawane zum Stehen. Erst wenn die Wolken fortziehen und der Nebel verfliegt, geht es vorsichtig weiter. Zwei Stunden später kommen wir plötzlich viel schneller voran. Es wird heller, die Wolken reißen auf, zwischen den Wolken sehen wir ein Stück blauen Himmels, dann ist der Himmel strahlend blau. Parallel dazu steigt das Stimmungsbarometer, und die Sorgenfalten auf der Stirn glätten sich. Nun ist ohne Schwierigkeiten zu sehen, welchen Verlauf der Eisstrom zwischen den Felsen nimmt. Flächen mit Gletscherspalten können wir schon von weitem erkennen oder doch zumindest erahnen.

Zügig kommen wir vorwärts. Bald erreichen wir das Entstehungsgebiet des Nordenskjöldbreen-Gletschers. Im Dunst der morgendlichen Sonne erblicken wir unten am Ende des Gletschers den Billfjord und am anderen Ufer die stufenförmig sich erhebenden Berge des Dicksonlandes. Der Himmel darüber ist in ein Farbenmeer mit allen Nuancen von Blau bis Rot gegossen.

Selbst nachdem wir 500 Kilometer weit durch Spitzbergen gefahren sind, verschlägt uns der rasante Wetterwechsel und die sich dann plötzlich vor unseren Augen öffnende Landschaft jedes Mal aufs Neue die Sprache. Womit haben wir den Anblick einer so gewaltigen Schönheit verdient?

Toivo und Panda haben als Leithunde einen Leistungsstand erreicht, der uns zwar Longyearbyen näher bringt, ihr Potential aber noch lange nicht ausschöpft. Besonders nicht, wenn ich sie mit den drei perfekt ausgebildeten Hunden vergleiche, die ich zu Hause zurücklassen musste, weil bei ihnen nach der Impfung gegen Tollwut keine Antikörper nachgewiesen werden konnten, für Spitzbergen aber Immunität gegen Tollwut gesetzlich erforderlich ist.

Von den Leithunden hängt alles ab. Nicht nur in bestimmten Situationen, sondern immer. Wenn ein Leithund zum Beispiel einen starken Linksdrall hat, muss ich ihn ständig nach rechts korrigieren. Das kann so heftig werden, dass ich den ganzen Tag nur auf das Korrigieren des Linksdralls konzentriert bin. Am Abend ist meine Stimme heiser und meine Stimmung auf dem Nullpunkt. Von der Landschaft habe ich nicht viel gesehen. Schwierig wird es auch, wenn ein Leithund nicht sofort auf eine Kurskorrektur reagiert.

Das kann regelrecht gefährlich werden. Bergab, wenn der Schlitten aufgrund des Gefälles, geringer Schneetiefe oder einfach aufgrund hoher Geschwindigkeit nicht zu bremsen ist, kann sich die Schwerfälligkeit oder der Starrsinn des Leithundes katastrophal auswirken. Mit einem guten Leithund ist eine Schlittentour erheblich sicherer und für den Musher ein Hochgenuss.

In Gebieten, in denen ich öfters unterwegs bin, können sich die Hunde selten gelaufene Routen viel besser merken als wir Menschen. Oft habe ich erlebt, dass die Hunde den Weg durch ein Waldstück besser gefunden haben als ich. Ich konnte mich an die alte Route nicht mehr so genau erinnern, oder Dunkelheit oder dichter Schneefall behinderten mich in meiner Sicht. Sogar nach Jahren erinnern sich die Hunde oftmals präzise an alte Wege. Dennoch wäre es ein ausgemachter Leichtsinn, sich in solchen Situationen hundertprozentig auf die Hunde zu verlassen, die Rentier- oder Schneehasenspuren im Zweifelsfall interessanter finden als ausgelatschte Wege. Nach einem Lemmingjahr lassen sie sich gern schon von einem auf dem Schnee liegenden Blatt irritieren. Denn sie haben sich daran gewöhnt, dass es sich bei fast allen Unregelmäßigkeiten auf ihrem Weg um tote oder lebendige Lemminge handelt, die vorzüglich schmecken und wie geschaffen sind für den kleinen Imbiss zwischendurch. Kurz: Ich muss bei schlechter Sicht immer kontrollieren können, ob sie nicht einer Tierspur folgen.

Die Ausbildung von Leithunden erweist sich in den meisten Fällen als die größte Herausforderung für den Musher. Ob ein Hund Anlagen hat, später ein Gespann zu leiten, kann ich bereits im Welpenalter erkennen. Schon früh schaue ich den Welpen bei ihren Spielen zu. Ein beliebtes Spiel ist das Jagen. Um unseren Hof herum liegen große Wiesen, wo man die jagenden Welpen gut beobachten kann. Einer von ihnen spielt Opfer und läuft davon. Alle anderen stürmen los und sehen zu, dass sie das Opfer einholen. Dabei sind die Jagdmethoden des Rudels leicht zu erkennen. Denn es laufen nicht alle dem Opfer einfach hinterher. Einige versuchen ihm den Weg abzuschneiden, und nur das kollektive Jagen führt schließlich zum Erfolg. Dabei fällt auf, dass es immer wieder Hunde gibt, die nur hinterherlaufen. Andere wiederum sind dem Opfer immer am dichtesten auf den Fersen und daher die ersten Kandidaten für eine Ausbildung zum Leithund. Wenn diese Junghunde mit vielleicht zwei Jahren bereits mehrere tausend Kilometer im Gespann hinter sich gebracht und sich zu routinierten, selbstsicheren Arbeitern entwickelt haben, kann die eigentliche Ausbildung beginnen.

Am bequemsten ist es, wenn ich einen gut ausgebildeten Leithund besitze. Dann wird der Auszubildende einfach neben dem Leithund platziert. Zuerst lernt er, dass der Chefleithund auf bestimmte Worte des Mushers hin die Richtung ändert, und dann nach und nach die wenigen Befehle und was dabei zu tun ist – wenn ihn das alles überhaupt interessiert. Wenn nicht, ist die Ausbildung zu Ende, und der Hund findet wieder weiter hinten im Gespann einen Platz. Immer wieder versuchen Hunde auch, den erhöhten Spielraum vorn ausnutzen, um alles andere zu tun als das Geforderte. Einige irritiert bereits ein Blatt im Wind! Oder ihnen schießt gerade durch den Kopf, dass sie dem vorletzten Hund im Gespann noch dringend etwas mitteilen müssen, und sie laufen einfach zurück. Manche Marotten kann ich einem Hund aberziehen. Disziplinlosigkeit gibt sich meist im Alter. Doch manche Charakterzüge oder Angewohnheiten machen ihn für die Aufgaben des Leithundes unbrauchbar, und da muss ich einfach kapitulieren.

Ganz anders sieht es aus, wenn ich keinen alten Leithund zur Verfügung habe, der den jungen Hund anlernen kann. In diesem Fall verlange ich von dem Lehrling enorm viel. Aber nicht nur von ihm, sondern auch von mir als Ausbilder. Denn Lernen und Gehorchen soll dem Hund ja Spaß bringen. Selbst wenn der Hund zum x-ten

Mal auf den Befehl »Rechts!« nicht nach rechts abbiegen möchte, darf ich nicht die Nerven verlieren. Ich muss ruhig nach vorn gehen, den Befehl immer wiederholend, und den Hund nach rechts herüberziehen. Dort bleibt er irgendwann sogar stehen, läuft aber, während ich zurück zum Trainingswagen gehe, wieder aus dem rechten Waldweg heraus nach links. Das muss ich so lange tun, bis der Hund begreift, dass es ein Vorwärtskommen erst dann gibt, wenn er in die vorgeschriebene Richtung läuft. Es dürfen sich ihm niemals andere Alternativen eröffnen. Er muss also stehen bleiben oder in die vorgeschriebene Richtung laufen. (Bei Huskys ist das Stehenbleiben meist eine Strafe, Laufen hingegen eine Belohnung.) Selbst wenn ich schon über eine halbe Stunde an der Kreuzung stehe, der Regen mich durchgeweicht hat, ich schon längst wieder zu Hause sein wollte, weil die Kinder hungrig aus der Schule kommen und ich mir den ganzen Abend ihr Genörgel anhören muss, da das Essen nicht auf dem Tisch steht, darf ich die Geduld nicht verlieren. Nerven wie Stahlseile sind Voraussetzung. Der Hund oder ich – wer gibt als Erster nach? Meine immer schlechter werdende Laune darf ich dem Hund nicht zeigen. Der Ton muss ermutigend bleiben. Leider kann der Starrsinn von Schlittenhunden ungeahnte Ausmaße annehmen. Inzwischen ärgere ich mich fast schwarz darüber, dass ich den Befehl überhaupt gegeben habe. Genauso gut hätten wir geradeaus weiterfahren können. Dann wäre ich längst zu Hause, hätte trockene Kleider am Leib, und uns würde das Essen schmecken. Doch ich muss ruhig bleiben – und freundlich. Mistköter, denke ich. Aber ich gebe nicht auf. Hier, an eben dieser Kreuzung, entscheidet sich, ob der Hund jemals ein Gespann anführen wird.

Nehmen wir einmal an, mein Starrsinn habe noch vor Anbruch eines neuen Tags den des Lehrlings besiegt. Er biegt schließlich nach rechts in den Waldweg ein. Dann ist ein weiterer Meilenstein erreicht. Die nächste Probe wäre dann, wie er auf völlig offenem Gelände die Richtung hält. Das geht erst, wenn der See zugefroren ist. Auf einem mehrere Kilometer großen See ohne Schlitten- oder andere Spuren gibt es für ihn keine Bezugspunkte, denen er entgegenlaufen oder an denen er entlanglaufen kann. Ich suche mir als Richtungsanzeiger einen Berggipfel aus, auf den ich auf dem See zufahren möchte. Dem Hund ist dieser Berg vollkommen gleichgültig. Er wird sich nie an einem 20 Kilometer entfernten Berggipfel orientieren. Jetzt kommt es darauf an, ob ich den Hund in diesem freien Gelände durch entsprechende Befehle in die Richtung des Berges lenken kann. Ist bei ihm ein heftiger Drall in eine Richtung vorgegeben, wird es zumindest schwer oder unmöglich. Genauso, wenn der Hund ständig magisch von der Richtung angezogen wird, in der die Huskyfarm liegt.

Lässt sich unser Lehrling hier einigermaßen lenken, kommt im Ausbildungsprogramm zum Beispiel der Tiefschnee an die Reihe. Tiefschnee kostet die Hunde enorme Kraft. Ohne festen Grund unter den Pfoten müssen sie sich halb hüpfend, halb wühlend durch das tiefe Weiß vorwärts kämpfen. Hier erwarte ich nicht, dass der Leithund noch irgendwie zieht. Das müssen die nachfolgenden Hunde übernehmen, die ja schon in der Spur des Leithundes laufen können. Doch der Auszubildende darf nicht aufgeben. Er muss die psychische Stärke besitzen, die ihn nach vorn treibt: Da will ich jetzt durch!

Wenn er diese Schlüsselprüfung seiner Stärke bestanden hat, steht das Laufen gegen den Schneesturm auf dem Stundenplan. Das ist eine ungeheure Belastung. Zum einen kostet es extrem viel Kraft. Zum anderen vereisen die feuchten Augenwimpern, bis dann die Augen zueisen. Hier muss ich immer wieder anhalten, damit die Hunde mit den Pfoten das Eis entfernen können. Ein Hund, der nicht die Eignung zum Leithund besitzt, dreht sich automatisch aus der Windrichtung. Das ist ein ganz natürliches Verhalten, unseren Interessen aber hinderlich, denn es kommt schließlich vor, dass ich durch einen Schneesturm fahren muss, um mich in ein vom Wind geschütztes Tal oder eine nahe Hütte zu retten. Am meisten gefordert wird ein angehender Leithund, wenn mehrere Erschwernisse gleichzeitig auftreten, wie beispielsweise Schneesturm bei Tiefschnee.

Einen Leithund auszubilden, setzt Fingerspitzengefühl voraus. Wenn die Anforderungen zu hoch werden, kann der Hund die Lust am Ziehen und Gehorchen verlieren. Der Spaßfaktor ist der allerwichtigste. Alles muss immer und unter allen Umständen Spaß machen!

Wenn ich einen Hund zu einem zuverlässigen Leithund ausbilden will, ist das eine langwierige und oft von Enttäuschungen geprägte Angelegenheit. So manches Mal erweist es sich, dass meine jahrelange Arbeit unzureichend, ja vergeblich war. Hinzu kommt, dass ich mich an den Früchten meiner Arbeit, wenn sie denn erfolgreich verlaufen ist, nur eine verhältnismäßig kurze Zeit erfreuen kann. Ein absolut zuverlässiger, in jeder Hinsicht versierter Leithund ist kaum jünger als fünf oder sechs Jahre. Dann kann ich ihn aber nur noch rund fünf Jahre als Leithund einsetzen. Mit zehn oder elf Jahren wird er für diese Arbeit entweder zu langsam, oder es fehlt ihm an Energie für die harte Arbeit im Tiefschnee. Sicherlich kann er hinten im Gespann noch gute Dienste verrichten, als Leithund taugt er nicht mehr.

Panda und Toivo sind verhältnismäßig alte Hunde. Ihre Lernfähigkeit hat zugunsten zunehmender Weisheit gelitten. Die erste Hälfte einer Tagesetappe verläuft problemlos. Die Spuren der Skiläufer dienen ihnen als Richtschnur. Später allerdings, wenn sich die Skiläufer hinten an die Schlitten hängen oder wir zu zweit auf einem Schlitten stehen, fällt die Richtschnur fort. Dann muss ich die Leithunde durch Befehle lenken. Da die Schlitten nun gegen Ende der Tour immer leichter werden, holen wir die Skiläufer immer früher ein, infolgedessen wird den Leithunden mehr abverlangt. Meiner Geduld auch. Ich male mir aus, welche Unterhaltung sich zwischen Panda, Toivo und mir in solch einer Situation ergeben könnte. Wie der Leser sehen wird, sind Hunde und insbesondere Huskys – auf die eine oder andere Weise – durchaus in der Lage, ihre Kommentare, Beiträge und Anmerkungen in die Diskussion einzubringen.

Ich: »Toivo, venstre (links)!«

Toivo reagiert nicht und läuft geradeaus weiter.

Ich: »Toivo, venstre!«

Toivo reagiert nicht und läuft geradeaus weiter.

Ich, etwas lauter: »Toivo, Panda, venstre!«

Toivo und Panda reagieren nicht und laufen geradeaus weiter.

Ich bremse den Schlitten ab, damit sie merken, dass es nur zwei Möglichkeiten gibt: links abbiegen oder stehen bleiben.

Ich: »Toivo, Panda, venstre!«

Toivo lässt sich in den Schnee fallen, wälzt sich darin. Panda frisst Schnee, schaut zurück und sieht mich kurz an.

Ich: »Toivo, Panda, venstre!«

Toivo steht auf und gähnt. Panda schaut geradeaus.

Panda, der rechts neben Toivo steht, macht eine kaum wahrnehmbare Bewegung nach links.

Panda zu Toivo: »Los, lauf nach links.«

Toivo: »Warum?«

Panda: »Du hörst doch wohl, was er uns da sagt!?«

Toivo: »Ja, und wenn schon.«

Ich, nachdrücklicher: »Toivo, Panda, venstre!«

Panda: »Das gibt Ärger!«

Toivo. »Na und? Angsthase!«

Panda: »Nun mach schon!«

Toivo: »Vielleicht meint er gar nicht uns.«

Panda: »Quatsch.«

Ich, etwas lauter: »Toivo, venstre!«

Toivo: »Was tut Pekka da hinter uns?«

Panda: »Ja, was schon?«

Toivo: »Hm. Ist sie eigentlich heiß?«

Panda: »Nee, glaub ich nicht. Aber Olga und Honi, die zu Hause geblieben sind.«

Toivo: »Wir schuften uns hier die Seele aus dem Leib, und zu Hause in Innset sind sie alle heiß. Na toll!«

Ich, etwas lauter und gereizter: »Toivo, Panda, venstre!«

Panda: »Ja, zu dumm.«

Toivo: »Für dich nicht!«

Panda: »Wieso?«

Toivo: »Weil du da sowieso nichts zu melden hast!«

Panda: »Warum denn nicht?«

Toivo: »Na guck dich doch mal an! So wie du aussiehst!«

Panda: »Du hast ja keine Ahnung.«

Ich, betont freundlich, doch mit gereiztem Unterton: »Toivo, veee-eenstre!«

Toivo: »Außerdem kommt das nur für Alphahunde in Frage. Du bist ja noch nicht mal Betahund.«

Panda: »Wie du meinst.«

Toivo: »Die Pekka ist auch ganz schön knackig!«

Panda: »Ja, hm ...«

Toivo: »Findest du nicht?«

Ich, laut: »Panda und Toivo, venstre!«

Panda: »Nun hör endlich auf!«

Toivo: »Wie findest du denn die Welpen, die Tjukis von mir hat?«

Panda: »Entsetzlich blöd.«

Toivo knurrt: »Willst du Ärger oder was?«

Ich ankere den Schlitten.

Panda: »Nun geh schon nach links rüber!«

Toivo knurrt aggressiv und zeigt die Zähne: »Das nimmst du sofort
zurück!«

Ich gehe nach vorn.

Panda: »O.k., o.k., o.k. Deine Welpen sind schon in Ordnung. Einfach Klasse, die ... Mist, jetzt kommt er.«

Ich ziehe die beiden Leithunde verärgert und etwas heftig nach
links.

Panda: »Das hätten wir uns sparen können!«

Toivo: »Halt das Maul, sonst gibt's Ärger.«

Ich löse den Anker, und das Gespann setzt sich in Bewegung.

Bis zur nächsten Kursänderung überlegen Toivo und Panda, wo-
rüber sie sich noch streiten könnten.

Zum Glück spurt Björn Terje auf den Skiern wieder vor, da es leicht
bergauf geht. Seine Ausdauer auf Skiern bewundern wir alle. Wenn
ein Skiläufer gesucht wird, meldet er sich immer als Erster. »Vielleicht sind das für mich die letzten Kilometer auf Ski in dieser Saison. Zu Hause ist der Schnee bestimmt schon geschmolzen!«, ist
sein Standardkommentar. Björn Terje bewegt sich auf den Brettern
enorm schnell vorwärts und muss manchmal auf die Schlitten warten, damit der Abstand zwischen uns nicht zu groß wird.

Seine Skikünste führt er uns am Vormittag auf dem Florabreen
vor, den wir 700 Höhenmeter hinunter ins Gipsdalen-Tal fahren. Als
Könner des berühmten Telemarkschwungs gleitet Björn Terje ele-
gant in seinen altertümlichen Drahtseilzugbindungen nach unten.
Wir stehen plump auf den Bremsen der Schlitten, mühen uns, die
Schlitten am Griff nach oben zu ziehen, damit sich das Gewicht auf

die Bremse vergrößert. Hinter jedem Schlitten spritzt, von den Bremsen aufgewirbelt, der Schnee in die Höhe, folgt ihm als weiße Staubwolke.

Glücklich und zufrieden schlagen wir im Gipsdalen-Tal das Zelt auf. Wir haben das größte Hindernis geschafft! Das letzte, große Gletschergebiet liegt hinter uns! Eine riesige Last und Anspannung fallen von mir ab. Erst jetzt wird der Erfolg der Expedition mit den Händen greifbar. Ist der Tempelfjord vor uns gänzlich zugefroren, steht unserem baldigen Einzug in Longyearbyen nichts mehr im Wege!

Wettlauf mit dem Frühling

»Man muss hindurchgegangen sein durch die lange Nacht,
durch die Stürme und die Zertrümmerung der menschlichen
Selbstherrlichkeit. Man muss in das Totsein aller Dinge
geblickt haben, um ihre Lebendigkeit zu erleben. In der
Wiederkehr des Lichtes, im Zauber des Eises ... in der gan-
zen hier in Erscheinung tretenden Gesetzmäßigkeit alles
Seins liegt das Geheimnis der Arktis und die gewaltige
Schönheit.«

CHRISTIANE RITTER

DREISSIGSTER TAG

An den neuen Tagesrhythmus haben wir uns alle gut gewöhnt. Gegen Mitternacht machen wir uns startklar. Beim Zähneputzen freue ich mich über die im Sonnenschein glänzenden Berggipfel, die das Gipsdalen-Tal nach Süden hin begrenzen. Es ist windstill, das Thermometer steht bei minus acht Grad.

Die Stimmung vor dem Zelt entspricht der Stimmung im Zelt. Über die alltäglichen Verrichtungen müssen wir kaum noch Worte wechseln. Alles geht ruhig vor sich. Falk weiß am Morgen genau, wie viel Schnee wir für das Frühstück, die Thermoskannen und das Zähneputzen benötigen. Gestern Abend hat er einen größeren Wasservorrat angelegt, damit heute Morgen nicht zu viel Zeit mit dem Schneeschmelzen vertrödelt wird. Von Hektik ist jedoch nichts zu spüren, ja man kann nicht einmal sagen, dass wir unsere morgendlichen Tätigkeiten besonders zügig erledigen. Die Gewissheit, dass wir den mit Abstand gefährlichsten Teil der Expedition hinter uns haben und das Ziel nahe ist, sorgt für eine entspannte Atmosphäre und wohltuende Ruhe.

Besonders erfreulich ist der physische und mentale Zustand der Hunde nach der langen zurückgelegten Strecke. Zwar ist ihnen der unbändige Enthusiasmus abhanden gekommen, der während der ersten Tage besonders des Morgens, aber auch in jeder Pause eine gewisse Hektik verbreitet hat. Sämtliche Hunde meinten nämlich, mit einem ohrenbetäubenden Bell- und Jaulkonzert könnten sie die Vorbereitungen zum Aufbruch oder die Pausen erheblich verkürzen. Dieses Konzert hat sich auf eine unsere Ohren und Nerven schonende Lautstärke eingependelt, was zum Glück nicht mit sinkendem Einsatzwillen einhergeht. Der ist nach wie vor absolut zufrieden stellend. Keiner der Hunde lässt die Zugleine durchhängen, keiner hat sich bisher Schäden oder Verletzungen zugezogen. Selbst das Körpergewicht haben sie halten können. Das Hundefutter deckt also den Energiebedarf, unsere Mischung hat sich bewährt.

Auf dieser Expedition wurden meine Hunde belastet wie noch nie. Bis drei Wochen vor dem Start hatten wir den Einsatz von mindestens 40 Hunden geplant, und auf die entsprechende Zahl Schlitten wollten wir das Gesamtgewicht unserer Ausrüstung verteilen. Doch es kam alles anders.

Acht Monate vor Expeditionsbeginn fingen wir an, die Hunde zu impfen, um sie gegen Tollwut zu immunisieren. In Norwegen gibt es keine Tollwut, infolgedessen werden Hunde auch nicht dagegen geimpft. In Spitzbergen verhält es sich anders. Die Polarfüchse folgen den Eisbären und fressen den Rest ihrer Beute. Dabei treffen sie gelegentlich auf Füchse vom Festland, die mit Tollwut infiziert sein können. Selbst in der hohen Arktis flackert auf diese Weise immer wieder einmal Tollwut auf.

Um unsere Hunde von Spitzbergen wieder zurück nach Norwegen mitnehmen zu können, mussten wir sie alle impfen lassen. Doch damit nicht genug. Das Gesetz schreibt vor, dass Hunde nur nach Norwegen importiert werden können, wenn sie nach der

Impfung in ihrem Blut Antikörper gegen Tollwut gebildet haben, das heißt, die Impfung muss angeschlagen und den Hund gegen Tollwuterreger immunisiert haben.

Um sicherzugehen, dass Antikörper gebildet werden, sollte die Tollwutimpfung zwei Mal erfolgen. Bei der ersten Impfung geht man von einer Erfolgsquote von 80 bis 90 Prozent aus, bei einer doppelten Impfung von einem nahezu hundertprozentigen Erfolg.

Dabei müssen bestimmte Zeiten eingehalten werden. Wenn wir im April von Norwegen aufbrechen wollen, muss die erste Impfung im September des Vorjahres stattfinden, die zweite einen Monat später. Nach 120 Tagen kann man eine Blutprobe entnehmen, also drei Wochen vor Expeditionsbeginn. Das sollte Zeit genug sein, um die Blutproben auswerten zu lassen – dachte ich.

Die Blutproben wurden entnommen und nach Deutschland ins Labor geschickt. Doch zwei Wochen vor dem geplanten Aufbruch fand ich mich mitten in einem Nerven und Zeit raubenden Krimi, der mich obendrein eine Menge Geld kostete. Er begann mit einen Anruf aus dem Labor.

11 Uhr: »Wir haben gerade die ersten Proben analysiert. Herr Klauer, ich möchte Ihnen das vorläufige Zwischenergebnis mitteilen. Wie es jetzt aussieht, können Sie mit acht Hunden nach Spitzbergen fahren.«

Nur acht von 44 Hunden sollen positiv auf die Impfung reagiert haben?! Für mich bricht eine Welt zusammen. Mit acht Hunden kann ich die Expedition nicht durchführen! Mit diesem Resultat sind die gesamte Arbeit, das investierte Geld und das Vertrauen der Sponsoren in den Sand gesetzt! Soll unser Traum von der Spitzbergen-Expedition jetzt wie eine Seifenblase zerplatzen? Dass die Expedition auf diese Weise scheitern könnte, habe ich zu keiner Zeit in Betracht gezogen. Ich muss mich erst einmal hinsetzen: »Ähhh ... kann ich Sie gleich zurückrufen?«

Ich atme tief durch und versuche meine Gedanken zu ordnen. Das gibt es doch nicht! Das kann doch gar nicht sein! Ich brauche dringend einen Kaffee. Zehn Minuten später habe ich das Labor wieder an der Strippe: »Bitte wiederholen Sie das vorläufige Resultat noch einmal!«

Der Professor teilt mir noch einmal seinen Befund mit. Ich habe mich nicht verhört. Auch er kann sich das Ergebnis nicht erklären: »Wie oft haben Sie die Hunde geimpft?«

»Zwei Mal!«

»Das verstehe ich nicht. Ich rufe Sie wieder an, sobald wir weitere Proben analysiert haben. In der Zwischenzeit gehe ich der Sache auf den Grund.«

Ich bin wie vor den Kopf gestoßen. Ich habe mir ausgemalt, dass die Expedition in einer Gletscherspalte endet, sich das Meereseis als unpassierbar erweist oder die Witterungsbedingungen das Unternehmen scheitern lassen. Aber ein Analysegerät im Labor soll das Todesurteil sprechen? Nur langsam erhole ich mich von dem Schock.

12.00 Uhr: Per Telefon und E-mail stoppe ich alle laufenden Vorbereitungen, die Geld und den Einsatz vieler Helfer erfordern.

13.00 Uhr: Erneuter Rückruf beim Labor. Wie kann das sein? Das weiß der Professor immer noch nicht: »Medizinisch eine absolute Novität!« Ich muss ihm genauestens schildern, wie wir den Hunden das Blut abgenommen haben, welche Temperaturen geherrscht haben, ob die Hunde rasiert worden sind, ob die rasierte Stelle desinfiziert worden ist, welches Desinfektionsmittel wir benutzt haben, ob die Reagenzgläser neu waren, wie lange zentrifugiert worden ist, wie die Proben zum Flughafen gelangt sind, wie lange sie dort bis zum Abflug gelagert worden sind und vieles mehr. Dann seine Mutmaßungen: Vielleicht war der Fettgehalt im Blut so hoch, dass beim Zentrifugieren das Serum zu stark mit dem Fett emulgierte. Mit der

Pipette könnten dabei zu viele Fettteile abgesogen worden sein, die das Ergebnis verfälschen. Vielleicht war die Zeit zwischen der Blutabnahme und dem Zentrifugieren zu kurz? Die Blutproben haben einen Tag auf dem Frankfurter Flughafen beim Zoll gelegen. Wer weiß, ob sie dort wirklich im Kühlraum gelagert waren? Kann die Antikörperbildung durch die physische Belastung der Hunde verzögert worden sein?

Mutmaßungen über Mutmaßungen, keine konkreten Hinweise.

18.00 Uhr: Das Endresultat: Insgesamt können wir 16 Hunde mitnehmen. Das sind immer noch viel zu wenige! Bei den meisten der 28 negativ getesteten Hunde liegt der Wert nur knapp unter dem Grenzwert von 0,5 IE/ml. Es ist denkbar, dass diese Hunde bei erneuter Blutanalyse über den Grenzwert kommen. Dabei müssen wir so viele Unsicherheitsfaktoren ausschließen wie möglich. Es bleibt uns nichts anderes übrig, als alles auf eine Karte zu setzen, auch finanziell.

Wir schätzen ungefähr ab, wie klein die Hundezahl als Minimum sein darf. Auf welche Ausrüstung können wir im Notfall verzichten? Welches Minimalgewicht ist überhaupt verantwortbar? Welche Hunde müssen auf jeden Fall mitkommen? Sind die positiv getestet? Natürlich nicht. Ein Großteil der 16 positiven Hunde ist relativ jung und unerfahren und kein Leithund darunter! Die stärksten Hunde fehlen ebenfalls!

20.00 Uhr: Wir entscheiden, einen zweiten Versuch zu starten, unbedingt mit dem Labor zu sprechen, wie die Unsicherheitsfaktoren am besten auszuschließen sind, sofort die Fütterung der Hunde einzustellen, damit der Fettgehalt des Bluts auf ein Minimum sinkt. Nach 34 Stunden sollte der Fettgehalt bei Nullfütterung gering ausfallen.

21.00 Uhr: Jemanden finden, der übermorgen nach Berlin fliegen kann. Auf dem Flughafen soll er – um Komplikationen zu vermeiden, am Zoll vorbei – einem Mitarbeiter des Labors persönlich die Proben übergeben. Damit können wir den Transport des Bluts in Bezug auf Zeit und Temperatur überwachen und durch Beamte verursachte Verzögerungen verhindern.

23.00 Uhr: Flugticket besorgen.

24.00 Uhr: Veterinär Bescheid sagen, dass er um 6.00 Uhr morgens mit der Blutabnahme beginnt. Nur dann kann der Bote die 12-Uhr-Maschine nach Oslo erreichen und am Abend in Berlin eintreffen.

2.00 Uhr bis 4.00 Uhr: Schlafen.

4.00 Uhr: Ich schreibe E-Mails und hebe den Abbruch der Vorbereitungen wieder auf.

8.00 Uhr: Alle, die am zweiten Versuch beteiligt sind, werden von dem Zeitplan unterrichtet und Bestätigungen eingeholt.

9.00 Uhr: Frühstück mit den fünf Teilnehmern der letzten Tour vor der Spitzbergen-Expedition. Heute ist der Tag der Einweisung. Morgen wollen wir mit allen Hunden zum Dreiländereck zwischen Norwegen, Schweden und Finnland aufbrechen. Eine lange Tour von 350 Kilometern. Alle erklären sich bereit, am nächsten Morgen, also wenige Stunden vor Tourenbeginn, bei den 28 Blutabnahmen zu helfen. Ich bin begeistert über so viel Verständnis und Initiative.

11.00 Uhr: Ein zweites Labor suchen, das sofort mit einer eigenen Analyse anfangen kann, falls sich herausstellen sollte, dass die Proben im deutschen Institut wieder nicht positiv sind. So könnten wir eventuelle Fehler im Berliner Labor ausschließen. In Europa gibt es 15 anerkannte Tollwutantikörper-Labors. Zu allen hatte ich Kontakt aufgenommen. Das Berliner Labor hatte sich als das günstigste und schnellste erwiesen und die Qualität seiner Analysen am besten dokumentiert. Um Verständigungsprobleme zwischen unserem Veterinär und einem Kontrolllabor auf ein Minimum zu reduzieren, fällt die Wahl des Kontrolllabors auf eines in Dänemark.

Rest des Tages: Ausrüstungskontrolle der Tourenteilnehmer, sie ins Hundeschlittenfahren einweisen, die Gespanne und Hunde an die jeweiligen Teilnehmer verteilen, Probetour mit allen Teilnehmern, Schlitten packen, Sicherheitseinweisung.

6.00 Uhr: Alle Teilnehmer sind nach einem kurzen Frühstück auf ihren Plätzen, als der Veterinär aus dem 70 Kilometer entfernten Sjövegan eintrifft.

10.30 Uhr: Allen 28 negativ getesteten Hunden sind zwei Blutproben entnommen worden. Eine für das deutsche Labor, die andere als Reserve für das dänische.

11.00 Uhr: Der Bote verlässt Innset in Richtung Flughafen.

12.00 Uhr: Dem Labor mitteilen, dass die Proben unterwegs sind. Alle Entscheidungsträger vom Stand der Dinge informieren und ihnen klar machen, wie wichtig selbständige und rasche Entscheidungen sind. Eine nicht oder eine zu spät getroffene Entscheidung bringt jetzt die gesamte Expedition in Gefahr.

13.00 Uhr: Mit sechs Gespannen und blutarmen Hunden starten wir zur letzten Tour der Saison vor der Spitzbergen-Expedition. Ich habe sie nicht zuletzt deswegen so knapp vor die Spitzbergen-Expedition gesetzt, damit wir die Hunde in erschöpftem Zustand an Bord des Schiffes nach Spitzbergen bringen können. So hoffe ich ihre etwaige Unruhe auf dem Schiff in Grenzen zu halten. Während der Überfahrt sollen sie ausschlafen und neue Kräfte sammeln. Dann sind sie in Spitzbergen wieder fit ...

Mit äußerst gemischten Gefühlen begebe ich mich auf die Tour. Bei meiner Rückkehr in zehn Tagen werde ich erfahren, wie das Ergebnis ausgefallen ist. Können wir nach Spitzbergen aufbrechen? Ich bin zuversichtlich, kann mir aber nicht erklären warum.

Als ich drei Tage vor Expeditionsbeginn wieder in Innset eintreffe, erfahre ich endlich, dass in Berlin insgesamt 24 Hunde positiv getestet worden sind. Das dänische Labor erklärte außerdem vier weitere Hunde für positiv. Wenn auch viele der kräftigen Hunde und meine besten Leithunde in Innset bleiben müssen und wir ein Gespann weniger auf die Expedition mitnehmen können als geplant, ist unser Unternehmen gerettet.

Erst viele Monate nach dem Ende der Expedition löst sich das Rätsel der ungewöhnlich vielen Negativtests bei meinen Hunden. Der von der Firma Hoechst hergestellte Impfstoff Madilep LT ist ein Kombinationsimpfstoff gegen Tollwut und Leptospirose. Bei erstmaligem Impfen mit diesem Mittel zeigt ein Standard-Antikörpertest nicht die wahre Resistenz der Hunde gegen Tollwut an. Meine Hunde hatten also genügend Antikörper gebildet, nur war ihnen das nicht in jedem Fall nachzuweisen.

Um ähnliche Vorkommnisse zu verhindern, sollten Hunde zunächst nur mit einem reinen Tollwutimpfstoff geimpft werden. Erst zu einem späteren Zeitpunkt oder als Auffrischung können Kombinationsprodukte verwendet werden.

Wir haben also mindestens 12 Hunde weniger als geplant auf die Expedition mitgenommen. Daraus ergab sich die Notwendigkeit, dass sich zwei anstelle von einem Teilnehmer fast ständig auf Skiern fortbewegen sollten. Obwohl wir die Ausrüstung in Innset noch einmal sehr genau durchgegangen sind und alles aussortiert haben, was nicht unbedingt notwendig war, erwies sich das Gewicht der Schlitten und damit die Belastung der Hunde um ungefähr 15 Prozent höher als geplant. Im Hinblick auf diese Mehrbelastung ist der Zustand der Hunde nun umso erfreulicher.

Sicher ist die überraschend gute Form der Hunde auch auf das intensive Training im vergangenen Herbst zurückzuführen. Bereits vor acht Monaten haben wir begonnen, die Hunde kontinuierlich physisch auf die Strapazen der Expedition vorzubereiten.

Beim Training der Hunde kommt es – kurz gesagt – darauf an, möglichst viele Kilometer unter Expeditionsbedingungen zu absolvieren. Zusätzlich zum physischen Training sollen junge Hunde dabei Disziplin erlernen und die Leithunde in ihrer Führerfunktion sicherer agieren können.

Wir beginnen mit dem Training spätestens Anfang September, wenn die Tageshöchsttemperaturen kaum noch über zehn Grad steigen. Die Hunde lernen von Grund auf, dass sie keinen Schritt vorwärts tun können, ohne dass dies Arbeit bedeutet. Der Trainingswagen wiegt ohne Fahrer über 300 Kilogramm und wird von maximal zehn Hunden gezogen. Ende Oktober wechseln wir auf den schwer beladenen Trainingsschlitten über. Die Arbeit mit einem hohen Schlittengewicht wird durch schlecht gleitende Stahlkufen erschwert. Zusätzlich lenken wir die Hunde des Öfteren von der Trainingsloipe in den Tiefschnee. Diese »Steinbrucharbeit« entspricht etwa den auf den Touren gegebenen Verhältnissen. Und das soll den Hunden immer und unter allen Umständen Spaß machen!

Man erhält den Hunden die Freude an der Arbeit, indem man bei ihnen niemals ein Gefühl der Überforderung entstehen lässt. Pausen muss man einlegen, wenn die Hunde noch gar keine wollen. Möchten die Hunde von sich aus eine Pause haben, hat der Trainer etwas falsch gemacht. »So, nun haben wir genug getan und könnten eine Pause gebrauchen«, dürfen die Hunde beim Training niemals denken. Um ihre Leistungsbereitschaft auf diese Weise zu fördern, muss der Trainer sie gut kennen und sich jederzeit in sie hineinversetzen können.

Das Training wird nach über drei Monaten und etwa 800 Kilometern Mitte Dezember von den langen Touren mit Gästen abgelöst. Die letzten Trainingausflüge sind ungefähr so lang wie die Etappen auf den ersten Touren.

Ab Januar verlängern wir die Tourenetappen im Takt mit der zunehmenden Helligkeit. Nach und nach schieben wir Touren von 350 Kilometern ein, bei denen die Schlitten stärker beladen sind.

Während der Tourensaison steigert sich die Form der Hunde, bis sie im März/April in Höchstform sind. Am Ende der Saison im Mai sind sie zusätzlich zu den Trainingskilometern ungefähr 3000 Kilometer gelaufen. Im Mai sind sie körperlich noch immer absolut fit, doch kommt das aufgrund der steigenden Tagestemperaturen nicht mehr voll zur Geltung. Die Hunde leiden unter der mittäglichen Wärme von einigen Graden über null und geben sich dann regelrecht kraftlos. Daher fahren wir ab Mitte April oft des Nachts. Die Nächte sind nun fast ganz hell und die Temperaturen trotzdem deutlich tiefer als am Tage. Bei klarem Himmel sinken sie immer noch einmal bis minus zehn Grad.

Bald verlassen wir Gipsdalen, das zum Talausgang hin immer weiter wird. Die kleineren Gletscher Boltonbreen und Burn-Murdochbreen sollen uns zum hinteren Ende des Tempelfjords führen. Erfahrungsgemäß schmilzt dort das Eis spät, so dass wir am ehesten mit sicherem Eis rechnen können.

Uns fallen die vielen Seevögel auf, die laut krächzend an der steil abfallenden Wand des Pyefjells hin und herfliegen. Bauen die Möwen jetzt schon ihr Nest? Eins ist sicher, das offene Wasser kann nicht allzu weit entfernt sein. Doch wir haben noch eine halbe Tagesetappe vor uns bis zum Tempelfjord, wo wir sehen werden, ob wir ihn als Weg benutzen können oder nicht. Zunächst geht es wieder aufwärts. Die letzten 15 Kilometer Gletscher liegen vor uns. Hier unten, schon fast auf Meereshöhe, hat die Sonne die weiße Pracht zum Schmelzen gebracht. Der Schnee ist merklich dünner als oben im Gletschergebiet, das wir gestern verlassen haben. Aus der mageren Schneeschicht schauen überall Steine und Geröll hervor. Wieder müssen wir die Schlitten per Hand um die scharfkantigen Steine herumführen. Die Hunde meiden jeden Umweg und wollen den Schlitten auf dem kürzesten Weg direkt über die Steine ziehen. Dem müssen wir mit seitlichem Zerren an den Zugleinen und am Schlitten entgegenwirken. Nicht dass sich die malträtierten »Gleitbeläge« jetzt endgültig verabschieden! Endlich sind wir am Boltonbreen. Auf dem Eis geht es einfacher bergan als zwischen den Geröllfeldern der Endmoräne hindurch. Da ein Großteil des Hundefutters verfüttert worden ist, sind alle Schlitten nun erheblich leichter. Trotzdem schaffen es die Hunde nicht, uns und den Schlitten nach oben zu ziehen. Die Steigung ist zu heftig, und die Gleitbeläge sind zu rau. Wir springen von den Kufen und joggen neben den Schlitten her. Wenn unsere Zunge genauso weit heraushängt wie die der Hunde, rufen wir »Stååå!«, und die Hunde bleiben stehen. Nach einer kurzen Verschnaufpause nehmen wir die nächsten 100 Höhenmeter in Angriff. Je höher wir kommen, desto mehr denke ich an den Abstieg. Was sollen wir tun, wenn der abwärts führende Burn-Murdochbreen mit nur wenig Schnee bedeckt oder gar schneefrei ist? Dann ist es unmöglich, die Geschwindigkeit der hinuntersausenden Schlitten mit den Stahlbremsen wirkungsvoll zu verlangsamen. Zwar können wir die Zugleinen der Hunde lösen, so dass sie nicht mehr mit ihrem ganzen Körper, sondern nur noch mit dem Hals ziehen. Auch führen wir kleine Bremsketten mit, die wir um die Kufen wickeln können und die das Bremsen unterstützen. Auf blankem Eis wird das allerdings wenig nützen! Ein Blick auf die Karte verrät mir, dass es immerhin über sechs Kilometer weit bergab geht!

Warum setze ich mich eigentlich immer solchen Ungewissheiten, solchen Risiken aus? Reicht es mir nicht, zu Hause, in bekanntem Gebiet, meine Schlittentouren durchzuführen? Selbst dort ergeben sich doch dauernd genügend schwierige Situationen, deren Lösung nicht immer sofort auf der Hand liegt. Brauche ich in regelmäßigen Abständen das Gefühl der Angst, das mich überkommt, wenn ich – wie nun – daran denke, dass wir eventuell einen völlig vereisten Gletscher hinunterfahren müssen. Dieses unangenehme Gefühl, das sich aus der Magengegend nach oben windet, einen Kloß im Hals erzeugt und die Stirn in Falten wirft?

Und wenn es soweit ist, verfluche ich mich und meine Entscheidung, die mich in diese Situation gebracht hat. Ich bekomme keinen »Kick«, wenn mich die Angst ergreift oder wenn ich mich der Angst stellen muss. Ich bekomme auch keinen Kick, wenn ich die Angst überwinde. Ja, ich fühle mich tief befriedigt, wenn ich eine Schwierigkeit bewältigt, wenn ich eine Aufgabe erledigt habe. Besonders, wenn der Ausgang für mich vollkommen ungewiss war. Aber ich bekomme keinen Kick. Es würde mir nie auch nur im Traum einfallen, an einem langen Gummiband befestigt von einer Brücke zu springen. Auch Fallschirmspringen ist nichts für mich.

Oder muss ich mir oder anderen beweisen, dass ich diese Schwierigkeiten meistern kann? Ich glaube nicht. Genauso wenig glaube ich, dass die Situationen, die ich beschreibe, wirklich nachvollziehbar sind. Zu meinem letzten Diavortrag »Mit Huskys durch Lappland«, mit dem ich mehrere Jahre durch die Lande gezogen bin, gehört eine Sequenz Bilder in einem Schneesturm, die ich immer dann fotografiert habe, wenn ich die Augen aufmachen konnte. Beim ersten Augenaufschlag sieht der Betrachter mein Gespann von hinten und eine Wegmarkierung aus dem Schneetreiben auftauchen. Beim nächsten Bild ist die Markierung vom Schneesturm verschluckt. Im dritten Dia verschwinden selbst meine Leithunde im Grau des Chaos. Die Bilder werden zügig überblendet, und als Ton sind Sturmgeräusche zu hören. Trotz der authentischen Bilder kann der Zuschauer den Ernst der Lage, die Gefühle, mit denen man in einer solchen Situation zu kämpfen hat, kaum nachvollziehen. Dazu müsste er wohl selbst in solch einer Situation gesteckt haben.

Mir liegt nicht daran, die Schwierigkeiten unserer Expedition zu dramatisieren. Im Gegenteil. Sicherlich habe ich eine Menge Probleme zu erwähnen vergessen, zum Beispiel, dass die meisten Teilnehmer fast vom ersten Tag an ständig nasse Füße hatten und was es bedeutet, Tag für Tag in nassen Schuhen herumzulaufen. So lange wir noch trockene Socken hatten, konnten wir alle paar Tage die nassen gegen trockene austauschen. Um gut laufen zu können, sind wir auf der Tour mit sehr dicken Schuhen unterwegs. Sie isolieren hervorragend gegen Kälte, weichen aber bei nassem Schnee schnell durch. Feuchten Schnee hatten wir auf der ersten Expeditionshälfte genug. Und wo sollten wir den nassen, dicken Filz des Schuhs durchtrocknen können? Für mich sind die Schwierigkeiten der Expedition nicht weiter von Belang. Das sind Nebensächlichkeiten, manchmal auch Anekdoten, über die man später lachen kann.

Mir kommt es auf das Naturerlebnis an. Ich möchte die Natur so erleben, wie sie ist, tief in sie hineindringen und aus ihr die Kraft und Ruhe schöpfen, die ich für mein tägliches Leben benötige. Dieses tiefe Eindringen gelingt mir nicht in der Lüneburger Heide. Dort ist die Natur nicht gewaltig genug, dort treffe ich überall auf die Spuren des verändernden Menschen. In der Lüneburger Heide kann ich mich an einem ruhigen Tag entspannen. Doch das tiefe Eindringen in die Natur ist nur in Tagen oder vielleicht Wochen zu erreichen. Täglich muss ich mich ihr stellen, täglich muss sie mir sagen können, dass sie den Ton angibt. Sie übermittelt mir ihre Ruhe erst dann, wenn sie mich vorher durch einen Sturm geschickt hat. Deswegen kann ich in Christiane Ritters Buch nur eintauchen, indem ich mich langsam durch die von ihr geschilderte Natur bewege. Nur die Natur darf die Grenzen steckende und Prämissen setzende Kraft darstellen. Es ist unmöglich für mich, mit dem Hubschrauber zu Christiane Ritters Hütte fliegen. Nein, wenn ich mich auf den Kern ihres Buches hinbewegen will, muss ich den beschwerlichen Weg beschreiten – über nicht ungefährliche Gletscher

und durch Schneestürme. Sonst kann ich den Geist ihres Naturerlebnisses nicht begreifen, ihn vielleicht gerade mal erahnen.

Sicher empfindet nicht jeder die Natur als Kraftreserve, zumindest nicht im gleichen Maße wie ich. Der eine oder andere schöpft
Kraft aus der Musik, aus der Anerkennung, dem Glauben oder aus
der Kombination ganz verschiedener Dinge. Sicher schöpfen wir
alle Kraft aus der Liebe. Für mich hat es – genauso wie für Christiane Ritter – die Erfahrung gegeben, dass die Natur als unerschöpf-
liche Quelle des Lebenselixiers dienen kann. Sie wie ich möchten
diese Erfahrung weitergeben.

Wieder ist das Glück auf unserer Seite. Bergab geht es rasant, aber
nicht unkontrollierbar. Die Schneedecke auf dem Gletscher bietet
den Bremsen genug Angriffsfläche. Wie mit Siebenmeilenstiefeln
durchmessen wir die Landschaft. Schnell taucht der Tempelfjord
vor uns auf. Eis bis fast zum Horizont! Erst in der Ferne, zum Isfjord
hin, schimmert das bläuliche Nass durch das Grau von Eis und
Himmel. Überall sehen wir Robben wie schwarze Tupfer auf dem
Eis, dahinter erheben sich die mächtigen, für Spitzbergen typischen
Tafelberge. Sobald wir das Eis unter den Kufen spüren, erhebt sich
von Osten her die vier Kilometer mächtige, zerklüftete Eiswand des
Von-Post-Breen-Gletschers. Er kalbt hier direkt in den Fjord.

Unser heutiges Ziel ist das Sassendal. In dem Tal wollen wir unser letztes Lager vor Longyearbyen aufschlagen. Schon aus elf Kilometern Entfernung erblicken wir die breite Öffnung des Tals. Diese
Kilometer ziehen sich hin. Das Sassendal will und will nicht näher
kommen. Erst spät kann ich am östlichen Talausgang die Hütte
Fredheim erspähen. Hier hat Hilmar Nois, der Erbauer der Hütte bei
Gråhuken, viele Jahre verbracht. Hilmar Nois ist mit 39 Überwinterungen der legendärste Jäger Spitzbergens. Christiane Ritter beschreibt ihn so:

»Karl und Nois ... erzählen sich Lustiges aus ihrem Jägerleben und lachen dabei aus vollem Hals. Sie haben etwas von der Heiterkeit und Unkompliziertheit der Naturvölker ... Ihre Gesichter sind die von unbekümmerten Knaben.«

Zurück in die Zivilisation

»Die schwarzen Hunde liegen ruhend teils auf dem Hütten-
dach, teils im Schnee. Der eine setzt sich langsam auf, sein
schwarzes Fell ist ganz bereift. Er schaut mich an mit gro-
ßen, ernsten Augen, nicht fragend, nicht sprechend, welt-
und wirklichkeitsfern und doch so voll von einem träumen-
den, tiefen Leben, dem gleichen geheimen Leben, das im
ganzen stillen Land verborgen zu sein scheint.«

CHRISTIANE RITTER

EINUNDDREISSIGSTER TAG

Die Sonne weckt mich. Mit ihren warmen Strahlen kitzelt sie mich im Gesicht. Eigentlich sollte ich froh sein über das gute Wetter, aber auf meiner verbrannten Haut empfinde ich die Sonne als zu aggressiv. Warum zieht nicht eine Wolke heran und spendet mir Schatten?

Heute habe ich wieder draußen geschlafen. Wenn kein Nieder-schlag oder Wind droht, macht es kaum einen Unterschied zum Zelt, und draußen stören mich keine Schnarchgeräusche. Der Nachteil ist nur der, dass ich der Sonne schutzlos ausgeliefert bin.

Im Schnee bei den Schlitten sehe ich drei weitere Schlafsack-würste liegen. Dahinter, im Norden, auf der anderen Seite des Fjords, erheben sich die Plateauberge gen Himmel. Steile Fels-mauern, die an Kathedralen erinnern, bilden eine fast 600 Meter hohe Wand, die abrupt in eine Art Hochebene übergeht. Ich kann die horizontal verlaufenden Schichten harten Gesteins erkennen, die immer wieder von wie Säulen hervorstehenden Konturen unter-brochen werden. Man braucht wenig Fantasie, um auf den Namen Tempelfjord zu kommen.

Über fünf Kilometer breit erstreckt sich das Sassendal zwischen den Bergen. Auf der Karte sehen wir, dass unzählige kleine und große Flussarme von den Höhen hinabströmen und das Tal durchziehen, als handle es sich um Adern einer gut durchbluteten Hand. Im Sommer kann man das Sassendal wohl kaum durchqueren. Doch jetzt ist von den Flussarmen und -ärmchen nichts zu erblicken. Wie eine riesige Wanne liegt das Tal im gleißenden, warmrötlichen Schein des nächtlichen Lichts.

Die dicken Daunenjacken übergezogen, löffeln wir draußen vor dem Zelt unser Müslifrühstück. Die minus acht Grad empfinden wir als angenehm, denn es ist windstill.

»Heute können wir es bis nach Longyearbyen schaffen. Das sind nur noch ungefähr 50 Kilometer, und viele Höhenmeter müssen wir auch nicht mehr überwinden«, erklärt Björn Terje nach einem genauen Studium der Karte.

»Dann wäre uns morgen ein Bier sicher«, fügt Jussi hinzu.

»Und was tun wir so lange, bis das Schiff kommt? Wir haben uns ja erst in drei Tagen verabredet.«

Nur zwei Dinge sind es, die mich nach Longyearbyen ziehen, erstens das Bier aus der dortigen Kneipe und zweitens der Wunsch nach mehr Körperhygiene, die während der Expedition ziemlich vernachlässigt worden ist. Mit dem Zähneputzen schnellte das Hygienebarometer täglich in einsame Höhen, fiel dann aber sofort wieder auf null. Zu weiteren Anstrengungen in Sachen Köperpflege kam es nicht. Oder doch: Gestern sah ich zu meiner Überraschung, wie Björn Terje sich die Füße mit Schnee abrieb. Ansonsten haben wir vielleicht zwei oder drei Mal die Unterwäsche gewechselt. Mehr investieren wir nicht. Das ist auch nicht unbedingt nötig. Wer in der Kälte unterwegs ist, produziert nicht so viel Schweiß wie zum Beispiel bei einer Wanderung im Sommer. Die Haut wird anfangs ziemlich fettig, was sich nach ein paar Tagen aber einpendelt und dann kaum unangenehm empfunden wird. Hingegen würde ich mich über eine Haarwäsche freuen. Die Kopfhaut fing schon nach einer Woche zu jucken an, und selbst wenn sich das inzwischen etwas gegeben hat, wären warmes Wasser und Shampoo eine Wohltat.

Ansonsten liegt ja überall Schnee ... Nach dem großen Geschäft leistet er gute Dienste, solange der Wind nicht zu stark weht. Bei stürmischem Wetter erledigen wir alles in Sekundenschnelle, wofür wir eigentlich ins Guinness-Buch der Rekorde aufgenommen werden müssten.

Bei Sturm im Zelt sieht die Sache natürlich etwas anders aus. Ohne zu sehr ins Detail zu gehen, möchte ich eine möglichst geringe Zufuhr von Ess- und Trinkbarem empfehlen ...

Björn Terje und Martin, heute die Skifahrer, nehmen als Erste die letzte Wegstrecke in Angriff. Von unserem Lagerplatz auf einem kleinen Plateau am Westhang des Vikinghøgda-Bergs starten sie auf gleicher Höhenlinie nach Südosten. Ich stehe auf dem Schlitten und erfreue mich der Landschaft und des Ausblicks in das weite Sassendal, das im strahlenden Sonnenschein liegt. Gehorsam folgen Toivo und Panda den Skispuren. Zwei Gestalten schräg unterhalb von mir reißen mich aus meinen Gedanken. Das sind Martin und Björn Terje! Wie kommen sie da unten hin? Direkt vor mir muss es enorm steil bergab gehen! Augenblicklich trete ich auf die Bremse und gebe Toivo und Panda den Befehl, nach links auszuweichen. Wie durch ein Wunder gehorchen sie und biegen in einem 90-Grad-Winkel von den Skispuren nach links ab. In einer langen Schleife fast zurück zum Lagerplatz suche ich mir eine Stelle, die weniger steil nach unten zum Talgrund hin abfällt. Als ich bei den beiden Skiläufern ankomme, sehe ich, wie Falk brüllend und mit rudernden Armen die Hunde dazu bringen will, meiner Schlittenspur und nicht der Skispur zu folgen. Aber die Hunde sehen von dort oben mein Gespann – und da wollen sie hin. Immer näher ziehen sie den schimpfenden Falk samt Schlitten Richtung Abhang, obwohl er mit seinem ganzen Körpergewicht auf der Bremse steht. Es wird steiler und steiler, der Schlitten schneller und schneller. Die Hunde hechten mit einem großen Sprung abwärts, und Falks Schlitten fliegt über gut fünf Meter in mehr oder weniger freiem Fall in die Tiefe. Aber er stürzt nicht um. Er behält das Gleichgewicht und kommt unten so angesaust, dass er die letzten Hunde des Gespanns zwar noch berührt, glücklicherweise aber nicht überfährt. Chris' und Jussis Hunden gelingt es, dem Abhang etwas auszuweichen, sie kommen mit abgemilderter Wucht unten an.

»Muss das sein, am letzten Tag?! Wir haben euch nicht vorgeschickt, damit ihr den steilsten Abhang für die Schlitten sucht«, presst Falk noch ganz benommen heraus, als er zu uns aufschließt. »Was hätte alles passieren können!«

Martin und Björn Terje äußern sich nicht. Sie schauen betreten beiseite.

Bald stoßen wir auf eine ausgefahrene Motorschlittenspur, die zehn Kilometer weiter ins Eskerdalen nach Süden abbiegt. Hier gleiten wir rasch voran, und die Hunde freuen sich über den idealen Untergrund. Martin stellt sich zu mir auf den Schlitten, die Hunde haben keine Mühe, uns beide mit dem nun recht leeren Schlitten den Hang hinaufzuziehen. Auf den steilsten Passagen joggen Martin oder ich nebenher, ansonsten treten wir kräftig »in die Pedale«, um die Hunde zu unterstützen. Von Björn Terje ist nichts mehr zu sehen. Er nutzt die feste Spur, um einen neuen Rekord im Skilanglauf aufzustellen.

Das Eskerdalen geht mit einer unscheinbaren Passhöhe in das Adventdalen über, das sich in westlicher Richtung bis nach Longyearbyen erstreckt. Der weiße Schnee färbt sich erst grau, ein paar Kilometer weiter fast schwarz. Hier hat der Wind immer wieder dunklen Steinstaub auf den Schnee geweht. Wenn sich der graue Schnee erwärmt, schmilzt er ungleich schneller als der gleißend weiße. Obenauf verbleibt der in Schichten abgelagerte Staub, bis der Schnee mit einer richtiggehend schwarzen Schicht bedeckt ist. Es sieht schrecklich aus. Wie eine Abraumhalde in Castrop-Rauxel vor dem Zechensterben. Als wir uns im Tal entlang des vereisten Flusslaufs hinabschlängeln, erinnern nur noch die Berge am Horizont an unser Spitzbergen. Die unmittelbare Umgebung ist trist, grau und deprimierend. In dieser ernüchternden Öde taucht Björn Terjes roter Anorak wieder auf. Seine Skier gleiten nicht mehr. Das grauschwarze Elend liegt zentimeterdick auf dem Schnee und Eis. Wir fragen uns, ob hier überhaupt noch Schnee liegt – vielleicht hat der schwarze Staub ihn zum Schmelzen gebracht –, und suchen angestrengt, aber letztlich vergebens nach einem gleitendem Untergrund. Zehn Kilometer weiter öffnet sich das Tal. Die schwarzgraue Scheußlichkeit wird durch wässrigen Schnee- und Eisschlamm abgelöst, dazwischen immer wieder das nackte Eis des zugefrorenen Sumpfs.

Am Südrand des Tals kommen Hütten in den Blick. Wenig später erspähe ich die Förderbahn, die früher einmal Kohle von der Grube 7 nach dem zehn Kilometer entfernten Longyearbyen befördert hat. Die Bahn ist über seit zehn Jahren stillgelegt, und der Transport wird heute mit großen Lastwagen bewerkstelligt. Die Grube 7 ist eine von zwei Gruben, die hier noch heute arbeiten. Der Kohlebergbau, der in seinen Hochzeiten rund 3000 Arbeitsplätze bot, war der einzige nennenswerte Wirtschaftsfaktor Spitzbergens.

Die industrielle Phase Spitzbergens begann in den Jahren vor dem Ersten Weltkrieg. Die Kohlevorkommen entlang des Isfjords waren schon seit dem 17. Jahrhundert bekannt, und Dampfschiffe, die die Küsten Spitzbergens entlangfuhren, füllten dort ihre Bunker mit dem schwarzen Gold. Doch zunächst kam niemand auf die Idee, die Vorkommen kommerziell auszunutzen. Genauso wenig wie der Wanderer, der sich an einem Bach am kühlen Nass labt, dort gleich eine Mineralwasserfabrik errichten möchte.

Ins allgemeine Interesse rückte die Kohle erst im Zuge der wachsenden Industrialisierung in Europa und den USA sowie der militärischen Aufrüstung im Vorfeld des Ersten Weltkriegs. 1906 gründeten die Bostoner Geschäftsleute Ayer und Longyear am Adventfjord die ACC (Arctic Coal Company). Weitere amerikanische, englische und norwegische Unternehmen folgten. Nach schwierigen Aufbaujahren, die geprägt waren von miserablen Arbeitsbedingungen, Auseinandersetzungen mit den norwegischen Behörden und Schwankungen des Kohlepreises, förderte die ACC im Winter 1912/13 immerhin 30000 t Kohle. 1916 wurde das Bergwerk – das mit inzwischen zwei Gruben 200 bis 300 Männer beschäftigte – an die norwegische Gesellschaft SNSK (Store Norske Spitsbergen Kullkompani) verkauft, die Ende der 1930er-Jahre zwei weitere Gruben in Betrieb nahm. Die Bergleute kamen zumeist aus Nordnorwegen.

Als am 3. Januar 1920 eine Kohlenstaubexplosion zehn Prozent der Arbeitskräfte in Longyear City in den Tod riss, wechselte die Stimmung rasch von Optimismus zur Ernüchterung. Man kann sich leicht vorstellen, wie das Unglück den kleinen Ort getroffen haben muss, der mitten im Winter völlig isoliert, ohne jegliche Verbindung zum Festland, die Katastrophe zu bewältigen hatte.

1920 erhielt Norwegen im Spitzbergen-Vertrag die alleinige Souveränität über Spitzbergen zugesprochen. Im Zuge der verstärkten Repräsentanz norwegischer Unternehmen auf der Inselgruppe übernahm der norwegische Staat 1924, als der Kohlepreis wiederum einbrach, finanzielle Garantien und Anteile der SNSK. 1929 kaufte er auch das 1916 von der Kings Bay Kull Company in Ny-Åle-sund im Nordwesten Spitzbergens gegründete Kohlebergwerk, das 1962 nach einem schweren Grubenunglück geschlossen wurde.

Als Folge der Weltwirtschaftskrise gingen zahlreiche Bergbau-gesellschaften in Konkurs. Die Bergwerke in Barentsburg und Pyra-miden wurden von Russland aufgekauft, das schon seit 1913 in Gru-mantbyen und Colesbukta Kohle auf Spitzbergen förderte. Seit den späten 1930er-Jahren gibt es auf Spitzbergen nur noch norwegische und russische Bergwerke.

Jäh unterbrach der Zweite Weltkrieg die Besiedelung und den Kohlebergbau Spitzbergens. Mit dem Überfall auf die Sowjetunion erlangte die Inselgruppe strategische Bedeutung, ein deutscher An-griff konnte nicht ausgeschlossen werden. Daher wurden 1941 alle Jäger, Bergleute und Siedler evakuiert, die knapp 2000 Russen nach Archangelsk, die 765 Norweger nach Schottland. Die Bergwerke wurden gesprengt und die Kohlehalden angezündet. Nichts sollte der deutschen Wehrmacht in die Hände fallen, die auf Spitzbergen zwei Wetterstationen errichtete – die Vorbereitungen für die Kriegs-führung im Nordatlantik hatten begonnen.

Im April 1942 brach von Großbritannien aus ein norwegisch-englischer Trupp von 50 Mann nach Spitzbergen auf und setzte sich nach mehreren Scharmützeln mit den deutschen Soldaten in Ba-rentsburg und Longyearbyen fest. Daraufhin entsandte die deutsche Kriegsmarine einen Schiffsverband mit den zwei Schlachtschiffen Tirpitz und Scharnhorst und neun Torpedojägern. Die norwegische Widerstand war zwecklos, beide Siedlungen wurden niederge-brannt.

Die Deutschen bauten die Wetterdienste an anderen Orten wieder auf. Auf dem Nordaustlandet überlebte die Wetterstation »Haude-gen« den Krieg und sandte bis in den September 1945 ihre Wetter-daten, dann allerdings an die Alliierten.

Im Sommer 1945 begannen die Norweger mit dem Wiederaufbau der Kohlebergwerke, und schon bald war die Jahresförderung höher als vor dem Krieg. Als die Nachfrage nach Kohle in den 1970er-Jahren zugunsten anderer Energien zurückging, lohnte sich auch auf Spitzbergen der Abbau ökonomisch nicht mehr, wurde aber aus politischen Gründen aufrechterhalten und weiter staatlich subventioniert.

Die russischen Bergwerke wurden 1947 wieder in Betrieb genommen, Grumantbyen und Colesbukta allerdings 1962 aufgrund der schwierigen Förderungsbedingungen aufgegeben. Bis zum Ende des Kalten Krieges lebten die russischen Siedlungen, die zeitweise doppelt so viele Bewohner zählten wie die norwegischen, so gut wie außerhalb der norwegischen Souveränität. In den 1990er-Jahren zwangen die ökonomischen Schwierigkeiten in Russland zur Verringerung der russischen Präsenz auf Spitzbergen. Das Bergwerk in Pyramiden wurde geschlossen und der Ort evakuiert. Neuerdings bekundet Russland allerdings wieder stärkeres Interesse an Spitzbergen, und in Colesbukta soll eine neue Grube gebaut werden. Die russische Bevölkerung auf Spitzbergen umfasst heute rund 900 Personen.

Der norwegische Staat verfolgt seit Anfang der 1990er-Jahre die Politik, die norwegische Präsenz nicht mehr vorrangig auf den Kohlebergbau – die SNSK soll nun ohne direkte Subventionen auskommen – zu gründen, sondern einen angepassten Tourismus und vor allem die Forschung zu fördern. In den drei norwegischen Hauptsiedlungen Longyearbyen, Ny-Ålesund, dem Forschungszentrum, und Sveagruva, dem neuen Bergbauort, sowie in kleineren Siedlungen und Trapperstationen leben heute insgesamt 1600 Norweger.

Zahlreiche in- und auch ausländische Forschungsinstitute haben in den letzten Jahren auf Spitzbergen Stationen errichtet. Im Sommer arbeiten hier bis zu 700 Forscher. Viele Wissenschaften sind vertreten: die Archäologie, die Ionosphärenforschung, die Meteorologie, die Kartografie, die Geowissenschaften, die Zoologie und die Ökologie. Das deutsche Alfred-Wegener-Institut aus Bremerhaven unterhält in Ny-Ålesund seine Koldewey-Station, die als Stützpunkt für Expeditionen und zur Wetterforschung genutzt wird.

Da sich viele Satelliten in polaren Bahnen bewegen, sind riesige Antennen in die Landschaft gestellt worden, die der Auswertung der Forschungsdaten dienen. Hier macht man sich den Umstand zunutze, dass die Weltkugel an den Polen abgeflacht ist und den Antennen in den sehr südlichen oder nördlichen Breiten der Erde somit mehr Zeit zur Kommunikation mit den Satelliten zur Verfügung steht als an einem eher äquatorialen Standpunkt.

Unsere Rückkehr in die Zivilisation ist brutal. Einen größeren Kontrast zur Natur Spitzbergens, wie wir sie in den letzten Wochen erlebt haben, als das mit dunkel-schmutzigem Staub überzogene Adventdalen können wir uns nicht vorstellen. Gegen drei Uhr morgens sind wir in Longyearbyen. Gnädig bescheint die Sonne die rot und gelb gestrichenen Häuserblocks und müht sich, den Anblick eines geschmacklosen Kulturvandalismus abzumildern.

Wie immer in der Nähe bewohnter Gebiete stellt sich die Frage, wo wir mit den Hunden unser Lager aufschlagen. Zu dicht in die Nähe der Häuser kommt nicht infrage, da sich die Bewohner gestört fühlen könnten, wenn die ermüdeten Hunde zu heulen anfangen – was manchmal passiert. Darüber hinaus müssen die Hunde auf sauberem und trockenem Schnee stehen und die Stahlseile sicher befestigt werden können. Schließlich finden Martin und Björn Terje unterhalb der Häuserblocks am Ortsrand eine geeignete Fläche. Wehmütig streife ich meinem Gespann das letzte Mal das Geschirr ab: »Tja Jungs, nun ist es vorbei! Brav habt ihr gearbeitet, jetzt könnt ihr euch ausruhen.«

Jeder von uns spricht mit seinen Hunden. Unsere Stimmung ist melancholisch. Niemand ist sonderlich begeistert, dass wir es bis nach Longyearbyen geschafft haben. Dafür hat die Expedition einfach zu viel Spaß gemacht.

Während Chris Richtung Hafen verschwindet und Ausschau nach unserem Schiff, der Langøysund, hält, bauen wir das Zelt auf. Wenig später kommt er zurück und berichtet: »Die Langøysund ist schon da. Sie liegt dort hinten im Hafen. Zwar ist kein Mensch weit und breit zu sehen, aber das Schiff ist offen, und drinnen ist es warm.«

Doch niemanden von uns zieht es so schnell aus der gewohnten Umgebung. Das hat Zeit.

Später am Vormittag wachen wir einer nach dem anderen auf. Die vorbeirumpelnden, mit Kohle beladenen Lastwagen bestätigen mir, dass ich nicht geträumt habe. Wir sind am Ende unserer Hundeschlittenexpedition durch Spitzbergen angelangt. Das Fest ist vorbei. Nun kommen quasi nur noch die Aufräumarbeiten. Doch auch dazu muss man sich so gut einstimmen, wie es eben geht. Als erste Maßnahme in diese Richtung beschließen wir, das Müslifrühstück auszulassen zugunsten eines ausgedehnten Frühstücks mit Brot und Brötchen, richtigem Kaffee, Wurst, Käse und Ei. Während zwei Mann zur Einkaufsexpedition aufbrechen, schleppt der Rest der Mannschaft einige Ausrüstungsgegenstände zum Schiff. Die Langøysund empfängt mich mit ihrem unverkennbaren Geruch aus abgestandenem Tabakqualm, Dieselöl und Kaffee. Auch wenn sich an diesen Stahlkoloss nicht nur positive Erinnerungen heften, so bin ich hier doch ein wenig zu Hause. Schließlich haben wir einiges zusammen durchgemacht!

Beim üppigen Frühstück besprechen wir die Planung für die kommenden Tage. Im Zentrum des Geschehens steht das am Abend anberaumte Fest, mit dem der Erfolg der Expedition gebührend gefeiert werden soll. Gleichzeitig ist es auch das Abschiedsfest von Spitzbergen.

Doch zunächst müssen wir uns um eine möglichst hohe Zivilisationskompatibilität bemühen. Die Dusche arbeitet auf Hochtouren und hebt die Lebensqualität um einige Stufen an. Die frische Kleidung auf der Haut vermittelt ein ganz neues Behagen, und von der Kopfhaut geht ein lange nicht gekanntes Wohlgefühl aus.

Dann stehen noch verschiedene Behördengänge und Besorgungen auf dem Programm. Zuallererst muss ich dem Sysselmann unsere Rückkehr melden. Er hat uns die Genehmigung für die Expedition erteilt und uns eine entsprechende Versicherungssumme für die Bergungsversicherung vorgeschrieben. Eine solche Versicherung ist bei allen Expeditionen außerhalb der Gegend um den Isfjord erforderlich. Bei Hundeschlittenexpeditionen fällt diese Summe zum Glück recht günstig aus, da die Versicherungen bei solchen Unternehmungen mit einer großen Selbstständigkeit kalkulieren. Schlittenhunde sind immer ein Sicherheitsfaktor, nicht zuletzt, wenn man auf Eisbären trifft. Zusätzlich geht man davon aus, dass die Ausrüstung eher robust als leicht und damit zuverlässiger ausfällt. Auch kann ein leicht verletzter Teilnehmer ohne Probleme über weite Strecken auf dem Schlitten transportiert werden, so dass Hilfsmaßnahmen nicht so schnell vonnöten sind.

Longyearbyen sieht jetzt so aus, als könnten wir froh sein, dass Schnee liegt. Dort, wo er geschmolzen ist, kommen brauner Schlamm und Dreck hervor. Von wenigen Stellen abgesehen, verbirgt glücklicherweise eine geschlossene Schneedecke das Elend und sorgt für einen manierlichen, ja sauberen Eindruck.

Hier leben ungefähr 1650 Menschen, die in den verbliebenen Gruben, im Tourismus, im Dienstleistungssektor, in der öffentlichen Verwaltung und in der Forschung und Lehre arbeiten. Die meisten bleiben nur eine begrenzte Zeit.

Die bunt bemalten Häuser stehen ordentlich in Talrichtung aufgereiht an den Hängen oder unten im Grund. Als Versorgungsader verläuft eine dicke Rohrleitung vom Kraftwerk zu den verschiedenen Wohnhäusern und den Gebäuden der Ladenzeile. Aufgrund des Permafrosts müssen alle Leitungen oberirdisch verlegt und die Gebäude auf Stelzen gebaut werden. Wie klobige Hochspannungsmasten ohne Leitungen ziehen sich die alten Türme der Kohleseilbahn als museale Gedächtnisstütze durch die Siedlung. Bei der Kohleverladestation, die ebenfalls unter Denkmalschutz steht, treffen sie zusammen. Gleich daneben erhebt sich das neue Verwaltungsgebäude des Sysselmanns über Longyearbyen. Standort und Gebäudegröße lassen keinen Zweifel darüber aufkommen, wer hier an der Spitze steht.

Zum Hafen hin reihen sich diverse Schuppen, Großzelte und Gebäude auf, die nicht ohne Erfolg dem Eindruck entgegenarbeiten, dass der Stadtteil eine architektonische Struktur aufweist. Untergebracht sind hier die Lager des kleinen Hafens, eine Bunkerstation, kleinere Baufirmen und Reparaturwerkstätten sowie ein Heer von Motorschlitten, die mietwilligen Touristen dargeboten werden.

Die bekannteste Sehenswürdigkeit Longyearbyens ist das Svalbard-Museum. Es ist in einem ehemaligen Stall untergebracht. Wir staunen, was begeisterte Geschichtsforscher daraus gemacht haben! Informationen zu nahezu allen Aspekten, die für Spitzbergen von Bedeutung sind, sind hier mit viel Liebe zusammengetragen und ausgestellt – von der Geologie, der Flora und Fauna über die Besiedlung Spitzbergens bis hin zur Geschichte der Walfänger und Jäger, der Polarforschung und des Kohlebergbaus. Wer weiterlesen möchte, findet an der Kasse fast die gesamte Literatur über Spitzbergen in allen möglichen Sprachen. Wir sind beeindruckt.

Abschied von Spitzbergen

»Eine unbändige Sehnsucht nach der Ferne packt uns. Nur immer weiter und weiter zu arktischen Ländern und Inseln im Eis, zu eingeeister Erde, die noch daliegt, wie Gott sie erschaffen hat. Vergessen ist Europa und alles, was uns bindet. Es ist eine nie gekannte, unbändige Sehnsucht, die stärker ist als alle Vernunft und alles Erinnern.«

CHRISTIANE RITTER

Im Hotel Funken verbringen wir einen gemütlichen Abend. Auch wenn unser Geschmacksempfinden durch die gefriergetrockneten Mahlzeiten etwas abgestumpft ist, der Gaumen kommt rasch wieder in die alte Form, und wir genießen das erstklassige Menü in vollen Zügen.

Mit der Vorspeise beginnt das Resümee. Wir rufen uns in Erinnerung, dass zwischendurch wohl jeder mindestens einmal ernsthaft daran gezweifelt hat, dass wir die Tour nach den vergeblichen Versuchen, Spitzbergen überhaupt zu erreichen, wie geplant durchführen könnten. Wenn uns das Glück auf dem Hinweg nach Spitzbergen auch verlassen hat, so war es auf der Insel doch immer auf unserer Seite. Wir hatten Glück mit hervorragenden Schneeverhältnissen, die uns ein exzellentes Vorwärtskommen ermöglicht haben. Schon eine durchgängige Neuschneeschicht von 30 Zentimetern, die die Expedition spürbar gebremst und den längeren Rückweg über den Wijdefjord verhindert hätte, hätte unsere Unternehmung scheitern lassen können. Glück hatten wir auch mit dem Eis, das sich in den Fjorden genau dort befand, wo wir es am dringendsten brauchten. Glück hatten wir in jeder Hinsicht mit dem Wetter. Nur vor und auf dem Mittag-Leffler-Breen sind wir aufgrund des Sturms und der schlechten Sicht nicht so schnell vorwärtsgekommen wie geplant. Als günstig haben sich in solchen Situationen die Lichtverhältnisse erwiesen. Die um diese Jahreszeit nahezu ununterbrochene Helligkeit hat es uns erleichtert, verlorene Zeit einzuholen, wenn wir durch schlechteres Wetter aufgehalten worden sind. Der anberaumte Zeitrahmen von gut fünf Wochen und der Zeitpunkt der Tour in den Monaten April und Mai haben sich als perfektes Timing erwiesen. Zum Erfolg gehört in diesen Breitengraden aber immer auch eine gehörige Portion Glück. Die Margen sind klein, die Unsicherheitsfaktoren groß.

Die Worte Glück und perfekt wiederholen sich ständig, da unter den gegebenen Umständen alles perfekt geklappt hat. Doch nicht allein Glück, auch der Erfahrungsschatz, der sich aus der Summe der Erfahrungen der Teilnehmer ergibt, hat wesentlich zum Erfolg beigetragen. Einer der wichtigsten Faktoren für den glücklichen Verlauf solcher Unternehmungen ist der soziale Zusammenhalt des Teams. Zu Konflikten, unterschiedlichen Einschätzungen einer Situation, verschiedener Vorgehensweisen usw. kommt es in jeder Gruppe. Doch wie damit umgegangen wird, macht ihre soziale Stärke aus. Diese Stärke hat mich beeindruckt.

Alle loben wir die Verpflegung, die sich als wohlschmeckend und ausreichend herausgestellt hat. Mehr als ausreichend, wenn wir einen Blick auf die nach Longyearbyen zurückgebrachten Lebensmittel werfen. Den Tageskalorienbedarf für unsere Tour hatten wir auf 16 Megajoule pro Person festgelegt. Das erwies sich eindeutig als zu hoch. Zum einen ist die körperliche Anstrengung bei einer Schlittenexpedition nicht mit einer Pulkatour zu vergleichen, bei der man auf Skiern läuft und einen kleinen, aber schweren Schlitten hinter sich herzieht. Zum anderen hatten wir auch viel Glück mit den Temperaturen. Tagsüber stieg das Thermometer oft gegen null Grad, und selbst in der Nacht fiel es selten unter minus 20 Grad. Bei durchschnittlich zehn Grad weniger wäre unser Kalorienbedarf höher ausgefallen.

Unter den vorgefundenen Bedingungen wären wir auf unserer Tour mit 14 Megajoule sicher gut bedient gewesen.

Auch die gesamte Ausrüstung, mit Ausnahme der Funkgeräte, bietet Anlass zu lobenden Worten. Kein Kocher ist ausgefallen, keine Naht geplatzt, kein Schlitten hat versagt – unglaublich unter den Belastungen! Auch die Auswahl war perfekt. Wir haben nichts vermisst und nicht mehr mitgenommen, als wir unbedingt benötigten:

Die private Ausrüstung
- 1 Rucksack, ca. 60 Liter
- 1 Schlafsack bis minus 30 Grad
- 1 Isomatte
- 4 Unterhosen
- 4 Unterhemden (Skiunterwäsche: Wolle oder Poly ...)
- 1 lange Unterhose, dünn (Skiunterwäsche: Wolle oder Poly ...)
- 1 lange Unterhose, dick (Wolle oder Vlies)
- 2 oder 3 Hemden oder dünne Pullover
- 1 Pullover, dick (Wolle oder Vlies)
- 1 Pullover, noch dicker (Wolle oder Vlies)
- 1 Hose
- 4 Paar Wollsocken unterschiedlicher Dicke
- 1 Überhose, winddicht
- 1 Anorak oder Jacke, winddicht mit Kapuze
- 1 Paar Fäustlinge, dick, winddicht
- 1 Paar Fingerhandschuhe, zum Ein- und Ausschirren der Hunde
- 1 Schal

Stiefel
Biwakschuhe
eventuell Gamaschen
1–2 Mützen
1 Skibrille mit UV-Filter
Sonnencreme mit Lichtschutzfaktor 15 (Minimum)
1 Messer, scharf; in einer Scheide oder als Taschenmesser
1 Thermosflasche
Skischuhe
Streichhölzer
1 Feuerzeug
Fotoausrüstung
Videokamera

Die Teamausrüstung
Schlitten
1,1 t Hundefutter
31 Geschirre
3 Ersatzhalsbänder
4 Stake-outs (Stahlseile zum Sichern der Hunde am Lager)
8 Holzpfähle zum Sichern der Stake-outs
8 Eisschrauben zum Sichern der Stake-outs
8 Meter Seil 6 mm
8 Meter Seil 10 mm
Reparaturbeutel
2 Petroleumkocher Primus Explorer
30 Liter Petroleum
1 Liter Spiritus
1 Beil
2 Kochtöpfe
2 Kannen für Tee/Kaffee

6 Bestecke
6 Teller
6 Becher
   Erste-Hilfe-Material
1 Schneeschaufel
2 Kompasse
2 Satellitennavigationsgeräte
   Karten
1 Windmesser
1 Thermometer
   Kletterausrüstung
3 Gewehre mit Munition
6 Signalpistolen mit Munition
   Knallmunition
2 Zelte
3 Paar Ski, geschuppt mit Rottefella Chili bzw.
   NNN-Bindung
4 Skistöcke
   Funkgeräte VHF
   Lebensmittel

Weshalb es so große Probleme mit dem Funkverkehr gab, können wir uns nicht so recht erklären. Es ist möglich, dass atmosphärische Störungen, die in diesen Breitengraden häufig auftreten, den Funkverkehr über längere Zeiten lahm legen. Die ununterbrochen über dem Horizont stehende Sonne wird vielleicht auch ihren Teil dazu beigetragen haben. Das Versagen der Handfunkgeräte ist auf technische Mängel zurückzuführen.

Immer wieder kommt die Sprache auf die Hunde. Das war schon so auf der ganzen Tour und mündet nun in ein einziges begeistertes Lob. Jeder meint, er habe die besten Hunde, und hebt diejenigen am meisten heraus, die ihm besonders ans Herz gewachsen sind. Tatsache ist, dass wir ohne unsere Hunde die Strecke niemals in dem Zeitrahmen hätten bewältigen können. Doch nicht nur das. Ohne sie wäre die Expedition auch nicht so komfortabel durchzuführen gewesen. Falk fasst es zusammen: »Wir sind unglaublich privilegiert, dass wir so eine Expedition mit so fantastischen Hunden durchführen können.«

Einig sind wir uns auch, dass die Expedition nicht unsere letzte Reise in die Arktis sein wird. Dafür war das Erlebnis zu intensiv. Jeder von uns hat unterwegs ganz persönliche Erfahrungen gemacht, die er nicht missen möchte, jeden hat vielleicht etwas anderes ganz besonders beeindruckt. Ist das Erlebnis wiederholbar?

Je weiter der Abend fortschreitet, desto größer werden die Leistungen der Hunde und desto ausladender die Pläne für weitere Expeditionen. Etwas später schlägt Jussi vor, umgehend eine Expedition zur »bärtigen Mamuschka« nach Barentsburg zu unternehmen. Diese endet aber schon in der Whiskybar unweit des Hotelrestaurants. Über den weiteren Verlauf des Abends schweigt des Sängers Höflichkeit …

FÜNFUNDDREISSIGSTER TAG

Eine eiskalte Brise aus Südost schiebt uns aus dem Hafen von Longyearbyen. Vor uns liegen drei Tage auf See zurück zum norwegischen Festland. Hinter uns bleiben die vielen rot bemalten Häuser im Schnee, die Kohlehalde vor dem Flugplatz und die schroffen Berge rings um die Bergarbeitersiedlung.

Wehmütig nehmen wir Abschied von der Zeit in den Schneewüsten, den Gletschern und Fjorden – in der Landschaft eben, in der Christiane Ritter ihre Eindrücke und Erlebnisse niederschrieb, die nicht nur uns, sondern viele Nordlandfans begeistert hat und immer wieder begeistern wird. Es wird lange dauern, bis wir die fünf

Wochen voller intensivster Eindrücke verdaut haben. Viel mehr – unsere Erlebnisse auf der Expedition Polarlicht werden uns das ganze Leben begleiten.

Dank

Zur Durchführung der Expedition Polarlicht haben sehr viele Menschen beigetragen. Ihnen allen gilt mein herzlicher Dank.

Zuallererst möchte ich mich bei unseren Hauptsponsoren ajungilak, Lillsport, mammut, Power GmbH und nature tours für ihre vorbehaltlose Unterstützung der Expedition bedanken.

Folgende Sponsoren sorgten für eine optimale Ausstattung der Expedition: Ich danke der Firma Hilleberg für das Spezialzelt, Meindl für die Skischuh-Prototypen, Atomic für die Ski-Prototypen, Paramo für die Kleidung und Craft für die Unterwäsche.

Des Weiteren gebührt unser Dank:
Karin Ritter für die ausführlichen Informationen zu ihren Eltern,
Anna Tewes für das gelungene Exposé,
Till Gottbrath, der bedauerlicherweise nicht mitkommen konnte, für die Tipps und die Beratung,
Udo Biss (NDR) und den Technikern in Kiel für die Beratung,
Peter Bickel für die Arbeit an unserer Website und die tollen Entwürfe,
Hans Christian Erlandsen für die Kommunikationstipps,
Matthias Bjerrang für die Hilfe in Spitzbergen mit der Kommunikation,
Veslemøy Herskedal für den Extraeinsatz bei der tiermedizinischen Vorbereitung der Hunde,
Dr. Olaf Thraenhart für die Extraarbeit mit den Blutproben der Hunde,

Armin Wirth für die Kommunikationstipps, die engagierte Unterstützung und das Präparieren der Skier,

Lukas Meindl für den enormen Einsatz mit den Skischuhen,

Andreas Scheibe für seinen Einsatz und die große Hilfe auf der Huskyfarm im März,

Anja Haas für das Training der Hunde im Herbst unter denkbar ungünstigen Umständen,

Arved Fuchs für die Skistöcke, die Lebensmittel und vieles mehr,

Rainer Elfers für die geduldige Beratung in Sachen Tonaufnahmen,

Andreas Umbreit für vielfältige Kontakte,

Usch Weber, die leider nicht mitkommen konnte, für die medizinische Beratung und Ausrüstung,

Ulli Weber, der leider nicht mitkommen konnte, für die Zusammenstellung der medizinischen Ausrüstung,

Kyrre Halvorsen für den Einsatz mit der digitalen Kamera,

Liv Arnesen für die Beratung in Sachen Satellitenkommunikation

und, last but not least, allen Angehörigen und Freunden, die uns jederzeit jegliche Unterstützung zuteil werden ließen und uns immer mit gutem Rat und tatkräftiger Hilfe zur Seite standen.

Innset, im Juli 2002
Björn Klauer

Literaturhinweise

Thor Bjørn Arlov, *Svalbards Historie*, Oslo 1996.
(Engl.: *A Short History of Svalbard*, Tromsø 1989.)

Kjell-Reidar Hovelsrud, *Svalbard: et eventyrlig polarliv*, Oslo 2001.

David Howarth, *Nordmenn i krig og andre av mitt live opplevelser*, 1987.

David Howarth, *Slädpatruljen*, 1958.

Helge Ingstad, *Landet med de kalde kyster*, Oslo 1951.

R. Jørgensen, *The first wintering on Svalbard*, o.J.

Willie Knudsen, *Mitt Arktis*, Oslo 1992.

Arvid Moberg, *Fångstmäns Land*, 1959.

Christopher Rave, *Im Eise verirrt*, Köln o.J. (um 1925).

Christiane Ritter, *Eine Frau erlebt die Polarnacht*, 15. Aufl., Frankfurt/M., Berlin 1999.

Lars Norman Sørensen, *Henry Rudi: Isbjörnkonge*, Oslo 2001.

Svalbardminner Nr. 18, Vågemot Miniforlag 2001.

Andreas Umbreit, *Spitzbergen Handbuch*, 6., überarb. Aufl., Struckum 2002: Sorgfältig erarbeitetes und ausgesprochen informatives Standardwerk über Spitzbergen. Ein Muss für alle deutschsprachigen Fans des hohen Nordens.

Wie die wilden Kerle reisen.

In der Stille der Wildnis

Konrad Gallei/Gaby Hermsdorf
BLOCKHAUS-LEBEN
Fünf Jahre in der Wildnis von Kanada

Mitten in der Wildnis Kanadas baut Konrad Gallei mit Freunden ein Blockhaus. Doch trotz sorgfältiger Planung fordert bald Unvorhergesehenes alle Phantasie und Kreativität.

Chris Czajkowski
BLOCKHAUS AM SINGENDEN FLUSS
Eine Frau allein in der Wildnis Kanadas

Unerschrocken macht sich die Abenteurerin Chris Czajkowski auf und zimmert sich – ohne besondere Vorkenntnisse – ihr Traumhaus inmitten der Schönheit unberührter Natur.

Dieter Kreutzkamp
HUSKY-TRAIL
Mit Schlittenhunden durch Alaska

Zwei Winter lebt Dieter Kreutzkamp mit Familie in Blockhäusern am Tanana- und Yukon-River. Höhepunkt seines inspirierenden Ausstiegs auf Zeit: das berühmte Iditarod-Rennen.

MALIK ☐ NATIONAL GEOGRAPHIC

10/1006/01/3s

Naturgewalten

Hauke Trinks
LEBEN IM EIS
Tagebuch einer Forschungsreise
in die Polarnacht

Das einjährige Forschungsabenteuer
eines Physikers in der Polarnacht,
nur in der Gesellschaft zweier Hunde
– und zahlreicher Eisbären. So
spannend kann Wissenschaft sein.

William Stone/Barbara am Ende
HÖHLENRAUSCH
Eine spektakuläre Expedition
unter der Erde

Riskante Kletterpartien, gefährliche
Tauchgänge ins Ungewisse, wo-
chenlanges Leben unter der Erde
– die packende Erforschung einer
der größten Höhlen der Welt.

Carla Perrotti
DIE WÜSTENFRAU
An den Grenzen des Lebens

Carla Perrotti durchwandert allein
die Kalahari und die größte Salz-
wüste der Erde in Bolivien und
findet unter den überwältigenden
Eindrücken der Natur zu sich
selbst.

MALIK ☐ NATIONAL GEOGRAPHIC